Para
Steave:

Dios te bendiga
y te guarde

Shirley
Adelante

Jorge y Lorena

EL ARTE
de Criar a los Hijos

Disciplina Efectiva

Lorena Gamboa
2010

Free in Christ Ministries International
Ministerios Libres en Cristo

Diseño de la Cubierta y edición: FicmiProductions Media Center
Free in Christ Ministries Intl. Inc.
www.ficmiproductions.com

Publicado en Beaverton, Oregon, por Good Catch Publishing.
www.goodcatchpublishing.com

ISBN: 978-0-9824981-3-2

Impreso en los Estados Unidos de América

Dedico este libro a mis tres hijos:
Daniel, Catalina y Alejandra.
Ellos fueron mi inspiración a la hora de escudriñar y estudiar la palabra de Dios con el fin de entrenarles en el camino de la vida y propósito que Dios tenía preparado para ellos.

Índice

Dedicación   5

Introducción   9

1.   Venciendo Obstáculos   13
2.   La Obediencia   33
3.   El Comportamiento   51
4.   La Disciplina y la Amonestación   61
5.   La Instrucción   71
6.   La Corrección   89
7.   El Reforzamiento   99
8.   El Castigo   121
9.   La Vara de la Corrección   145
10. Criando Hijos Obedientes   157
     Bibliografía   193
     Contáctenos   195
     Otros libros   197

Introducción

¿Cuántos padres hemos recurrido al castigo como primera opción en la educación de nuestros hijos? ¿Cuántos de nosotros, por fatiga, enojo y frustración, hemos castigado erróneamente a nuestros hijos sin detenernos a buscar la raíz del problema y mucho menos una solución?

Estoy segura que todos nosotros nos hemos visto en esa situación alguna vez. Y lo más lamentable es la culpabilidad que eso genera en nosotros como padres y la frustración y falta de perdón que se desarrolla en los niños.

La palabra de Dios nos insta a que las mujeres mayores y con experiencia enseñemos a las más jóvenes el arte de amar a sus maridos y de cómo criar a sus hijos. Es por eso que por más de 5 años, me dediqué a escribir este libro con el propósito de ayudar a esas madres desanimadas y abatidas por la rebeldía de sus hijos.

Existe una técnica de instrucción de la cual habla la palabra de Dios.

Es toda una técnica de entrenamiento y tiene las siguientes etapas: enseñar, corregir y castigar.

Por lo tanto es necesario comprender la diferencia entre la *instrucción, la corrección y el castigo*. Estas etapas son muy significativas porque los patrones de conducta se van moldeando a través de ellas. Nosotros los padres podemos intervenir positivamente en el moldeamiento de conductas positivas y alcanzables por parte de nuestros hijos.

Un niño puede estar comportándose de cierta forma para provocar en sus padres cierto resultado. Al ver que da ciertos logros, es muy posible que el niño repita esta conducta en el futuro. Pero cuidado... puede estar manipulándole a usted para lograr lo que él desea. ¿Qué podemos hacer entonces? Esta y muchas otras preguntas serán contestadas ampliamente a lo largo de este libro.

Es mi oración que este libro sea un manual de enseñanza que le sirva de una manera eficaz y le dé ideas de cómo tratar con sus hijos.

Prepare su corazón y emociónese en la gran aventura que le espera. ¡Criar hijos obedientes y en el temor de Dios, es posible!

Capítulo 1

Venciendo Obstáculos

Lo que los padres debemos saber a la hora de encausar y formar a nuestros hijos en la disciplina de Dios

Venciendo Obstáculos

De la misma manera que le enseñamos a nuestros hijos situaciones de la vida diaria y les entrenamos en las destrezas motoras y cognitivas, de la misma manera debemos entrenarlos en la obediencia. El niño debe aprender obediencia. No se nace obediente. Uno se hace obediente por medio de un entrenamiento adecuado. La obediencia y la sujeción son deferentes. Una se aprende y la otra se decide.

Hay que entrenar a los hijos en la toma de decisiones y en el discernimiento de situaciones peligrosas y no convenientes. Por eso es necesaria la obediencia. Para entrenar a una persona se necesita tiempo, por eso lo primero que un padre debe hacer es tomar la decisión de darle tiempo de calidad a sus hijos. No sólo tiempo de esparcimiento, sino tiempo para impartir, transmitir y guiar a los hijos en cada etapa de su vida. El entrenamiento es la transferencia de conocimiento. Consiste en dar consejos anticipados. Incluye el conocer las consecuencias y los beneficios de las decisiones.

A los niños hay que entrenarlos a: obedecer, respetar y honrar. Es un deber de los hijos no sólo obedecer a sus padres sino honrarlos con sus conductas. Todo padre tiene como meta y deseo fundamental el criar hijos obedientes y respetuosos.

Sin embargo, todos enfrentamos problemas significativos que nos obstaculizan a la hora de poner en práctica los principios que la Biblia enseña con respecto a este tema.

Venciendo el temor

Uno de los mayores obstáculos que un padre enfrentará ante su tarea de criar hijos según los principios del reino de Dios, es el temor. Temor al fracaso, al ridículo, a la pérdida de amor de parte de nuestros hijos o temor a ser juzgados por otros. Temor a causarles daño o de convertirnos en padres tiranos. Este problema se presenta con mayor frecuencia en aquellos que están ejerciendo un puesto de liderazgo en la iglesia o que sienten un llamado de parte de Dios a servirle en la obra del ministerio.

¿Cuántas veces hemos visto u oído que los hijos de los ministros son los más rebeldes e irrespetuosos? Que son irreverentes y que no se quieren sujetar. Todas estas conclusiones nos atemorizan y detienen en el cumplimiento del llamado de Dios para nuestra familia. Por eso es importante conocer cuál es la voluntad de Dios para que sembremos en nuestros hijos actitudes positivas que darán como fruto la obediencia.

En I Timoteo 3:1 y 2 leemos: "Palabra fiel: si alguno anhela *obispado*, buena obra desea. Pero es necesario que el obispo sea irreprensible, marido de una sola mujer, sobrio, prudente, decoroso, hospedador, apto para enseñar, no dado al vino, no pendenciero, no codicioso de ganancias deshonestas, sino amable, apacible, no avaro; que gobierne (*proistemi*) bien su casa, que tenga (*echo*) a sus hijos en sujeción con toda honestidad (pues el que no sabe gobernar su propia casa, ¿cómo cuidará de la iglesia de Dios?) no un neófito, no sea que envaneciéndose caiga en la condenación del diablo. También es necesario que

El Obispado

El término obispado usado en el Nuevo Testamento es la palabra griega: EPISCOPOS que equivale a la palabra española: episcopado.

Episcopado se refiere a un puesto o cargo de honor dentro de la iglesia. Un *episcopos* es un guardián, tutelar, protector. Un jefe eclesiástico. Este *episcopos,* conoce la importancia del trabajo de liderazgo en equipo y el principio de "igualdad".

Para trabajar en equipo se requiere de mucha disciplina, entrenamiento y responsabilidad. El que quiera esto, buena cosa desea. Pero hay ciertas condiciones para ello.

" *que el* **episcopos** *sea irreprensible, marido de una sola mujer, sobrio, prudente, decoroso, hospedador, apto para enseñar, no dado al vino, no pendenciero, no codicioso de ganancias deshonestas, sino amable, apacible, no avaro; que gobierne bien su casa,...*"

El *episcopos* debe procurar una relación familiar como la de un equipo de trabajo. Todos por igual y con ciertas responsabilidades. El padre de familia se convierte en el tutor, el guardián y protector de su familia. El es la cabeza. La cabeza (kefalé) en términos de estar dispuesto a dar su vida por el bienestar de los suyos. No el jefe (Arjé) en términos de mando solamente.... *para un estudio más completo de este tema, le sugerimos leer nuestro libro: El Matrimonio según Dios.*

El Padre como un arjé o kefalé

Un Arjé gobierna y controla su casa. Es aquel que manda, dá órdenes y controla. Es el jefe. Pero un kefalé es quien pone en orden su casa. Es el soporte. Proístemi, por otro lado, es la palabra griega que usó el autor del libro de 1 Timoteo cuando escribió: "que **gobierne** (*proistemi*) bien su casa, **que tenga** a sus hijos en sujeción con toda honestidad". Proistemi significa: colocarse delante, presidir, guiar, ser el protector o guardián, preocuparse por profesar la honestidad.

Durante nuestros veintidós años de matrimonio, mi esposo y yo, hemos pasado tanto por situaciones hermosas, como también problemas serios y de cuidado. Desde el momento que decidimos dar nuestras vidas al Señor Jesús, y comenzamos a servirle ordenadamente y con todas nuestras fuerzas, estos problemas parecían acrecentarse.   La tarea no va a ser fácil y demanda muchísimo sacrificio diario de la voluntad y las emociones. La llegada de los niños fue un factor muy importante, porque aprendimos a ser más cuidadosos en nuestro estilo de vida diario.

Mientras una pareja no tenga niños, los problemas se quedan en la casa y pueden ocultarse un poco más. Con la llegada de los niños, uno se da cuenta que ellos se convierten en voceros de nuestra vida personal.   Se convierten en los mayores y más importantes testigos del compromiso que tenemos con Dios. Ya no seremos simples predicadores o siervos de Dios. Ahora somos tutores y guardianes, y por lo tanto, tenemos un compromiso. El compromiso de predicar con nuestras acciones, más que con las palabras. Se vuelve un yugo que si no es el de Cristo, puede llegar a ser muy pesado. Para que nuestros hijos obedezcan, respeten y honren, nosotros como padres debemos practicar cada una de estas conductas en nuestra vida personal. Aprender a quitar los viejos esquemas culturales aprendidos, (tales como el machismo y el autoritarismo) se vuelve una tarea dura, pero necesaria.

Ser un varón **kefalé** es difícil de lograr. Y ser un **episcopos** es todo un reto. Pero ambas cosas son la voluntad de Dios para todo aquel varón que desea servirle de corazón, junto con una esposa sujeta en libertad y respeto. Ambos compartiendo la responsabilidad y el deber de la crianza de los hijos.

El "anciano", "líder" u "obispo" tiene como deber fundamental, el velar por el estado emocional, físico y conductual de sus hijos. No se puede pretender alcanzar al mundo entero y perder a los propios. Por esa razón los líderes deben ser considerados con doble honor, ya que tienen la tarea de trabajar duro no sólo predicando sino también enseñando. No solamente quien tenga un cargo específico en la iglesia debe preocuparse por convertirse en un buen tutor. Todo padre de familia debe serlo. Es una gran responsabilidad que Dios nos ha dado. Si como padres nos dedicáramos a la tarea que Dios nos ha encomendado de mantener en sujeción a nuestros hijos, nuestro propósito sería alcanzado. Para eso debemos vencer el temor a ser criticados, juzgados o heridos. Hagámoslo para el Señor y El nos dará una estrategia.

Tener a los hijos en sujeción

"que **tenga** (*echo*) a sus hijos en sujeción" La palabra *echo* significa: tener vínculos de unión, compañerismo, amistad y deber. Estar cercanamente unido a una persona. Si parafraseamos este versículo de 1 Timoteo sería:

> *" que el guardián, tutelar o protector se coloque delante, presida, guíe, sea el protector o guardián de su casa, y que se preocupe por profesar la honestidad. Que esté muy unido a sus hijos, en compañerismo, amistad y deber, en toda sujeción."* 1 Timoteo 3:2

En el manuscrito original del Nuevo Testamento, cuando se habla de la palabra sujeción, aparecen dos términos diferentes. Uno es: giupotatzo y significa: ponerse uno mismo, voluntariamente, bajo la cobertura de alguien en obediencia y respeto.

Este vocablo griego es usado en referencia a la mujer con respecto al marido, y también en relación al concepto de dar cuentas los unos a los otros. El otro término utilizado específicamente en el pasaje de 1 Timoteo es: hypotagē y se refiere a la sujeción de los hijos con respecto a los padres en obediencia y honra. Pareciera difícil pero no es imposible. La meta de los padres no es imponerse sobre los hijos, sino lograr que ellos se sometan a su autoridad voluntariamente. Cuando los hijos conocen los beneficios de la obediencia, buscarán ejercerla. Haciendo esto se logra la confianza, amor y respeto de su parte. Imponerse provoca en ellos rebelión, heridas y frustración.

Durante mucho tiempo, mi esposo y yo tuvimos miedo de fracasar en esta área con nuestros hijos. Criar niños pequeños y adolescentes no es fácil y existe una indisposición de parte de los padres cuando llega la hora de enfrentar esta realidad. Nadie aprende el arte de la paternidad de la noche a la mañana. Debemos buscar consejo y ayuda para aprender a desenvolvernos en nuestra relación con los hijos.

Es por esa razón que vimos la necesidad de estudiar más en relación con este tema, basándonos en la Palabra de Dios, donde por cierto encontramos todas las respuestas. Y aunque no somos padres perfectos ni tenemos hijos perfectos, sí admitimos que sin la ayuda de Dios no podríamos ejercer la obra del Ministerio más importante: la crianza de nuestros hijos. No la tengas en poco ni menosprecies tu papel como padre de familia, pues Dios te lo dio. Dios nos ha dado espíritu de poder y dominio propio. Muchos padres no saben que tienen poder y autoridad delegada por Dios para con sus hijos. Pero tener autoridad no nos da el derecho de convertirnos en padres abusivos. La persona que está en autoridad, lo sabe y la ejerce sin fuerza ni opresión. Dios es nuestra autoridad, y El la ejerce en amor. Le obedecemos porque hemos descubierto las bendiciones y la magnitud de su amor, que son desatados al obedecer sus mandamientos.

"Y vendrán sobre ti todas estas bendiciones y te alcanzarán, si escuchas la voz de tu Dios y pones por obra todos sus mandamientos" Deuteronomio 28.

Indicadores de un buen trabajo

A continuación denotaremos algunos indicadores positivos que nos pueden alentar en nuestra tarea de entrenar a nuestros hijos. Si sus hijos manifiestan e indican estas conductas, es porque usted está haciendo algo bien. ¡FELICIDADES!

Si por el contrario, son más las conductas negativas, es porque está dejando algo de lado y hay que revisar su desempeño como padre.

Pero lo más importante es no desanimarse sino continuar con nuestra ardua tarea de ser mentores y guías. ¡Podemos lograrlo!

Algunos de los buenos indicadores que muestran que estamos realizando un buen trabajo es cuando nuestros hijos:

NOS OBEDECEN
NOS AYUDAN en la casa
NO NOS AVERGÜENZAN (ni verbalmente ni delante de las personas)
NOS ALABAN
NOS CUIDAN
SE PREOCUPAN POR AGRADARNOS
NOS ESTIMAN
NOS EXPRESAN SU AMOR
NO NOS IGNORAN
NO ESTÁN DANDO LUGAR A QUE HABLEN MAL DE NOSOTROS

Si usted percibe al menos cinco conductas de las descritas aquí, ha valido la pena el trabajo que ha desarrollado con sus hijos.

Siga adelante! No desmaye!

Continuemos analizando otros obstáculos que pueden estar manifestándose en nuestra vida y que nos impiden llevar a cabo la tarea de la paternidad de una manera efectiva.

Dos limitantes que muchos de nosotros afrontamos es la culpabilidad y la falta de conocimiento. ¿Qué podemos hacer para eliminarlas de nuestra lista?

El sentimiento de Culpa

Muchos de nosotros como padres hemos recibido enseñanzas y consejos que van en contra de la Palabra de Dios; consejos dados por nuestros propios padres, por psicólogos y aun por consejeros cristianos. Esto desarrolla sentimientos de culpa en nosotros cuando fracasamos en la crianza de los hijos.

No podemos sentirnos culpables por intentar aprender cómo corregir a nuestros hijos, pues no podemos dejar que los niños hagan lo que deseen ya que la naturaleza pecaminosa está a flor de piel aun en los primeros años.

Hoy en día los derechos de los niños están de moda y los padres que traten de violar esos derechos son atacados.

Cuando esa culpabilidad aflore, usted dígase: "...*los niños tienen derechos, pero no son los mismos que los derechos de los adultos ya maduros. Los niños tienen derecho a recibir la orientación, disciplina y dirección de sus padres y no tienen el derecho de tomar las decisiones por sí mismos*" (*véase el libro de William y Candace Backus "Autoridad y Sabiduría" página 25, del capítulo La Culpabilidad. Editorial Betania. 1993*)

No a la Condenación

No hay condenación para los que estamos en Cristo Jesús. No podemos ni debemos vivir bajo la ley de la culpa y el temor. Vivimos bajo la ley del amor. En el amor no hay temor, porque el perfecto amor lo echa fuera. (1 Juan 4:18) Y no existe ninguna condenación, juicio, sentencia o culpa para los que están en Jesús. (Romanos 8:1)

Si la condenación viene porque usted no tomó a tiempo ciertas decisiones y siente que ya es muy tarde para eso, sólo deténgase, arrepiéntase y comience de nuevo. NUNCA ES TARDE. Dios siempre busca la manera de realizar cambios y milagros en nuestras vidas y en la de nuestros hijos.

¿Cómo comenzar?

Converse con su cónyuge sobre la manera en que van a llevar a cabo la disciplina compartida en la casa. Pónganse de acuerdo. Los niños y adolescentes responderán mejor al entrenamiento, corrección y disciplina cuando saben que no hay un brazo qué torcer porque ambos padres están aliados.

Reúna a sus hijos y notifíqueles de la decisión tomada. Explíqueles que de ahora en adelante habrá reglas que cumplir y un solo camino a seguir. Establezca que dará la orden una sola vez.

Siga estos consejos con sus hijos:

* Si no obedecen inmediatamente; lleve a cabo una medida disciplinaria (no es necesariamente castigo físico).

* Si no se someten a acatar la orden y llevar a cabo la medida disciplinaria pase a otro tipo de sanción o supresión de privilegios.

* Si gritan en señal de rebelión, o muestran cólera o le reclaman, aplique otra sanción extra.

* No tuerza su decisión ni cambie de parecer. Sea consistente. Deje la lástima a un lado.

* Espere llegar a casa si están fuera.

* Cuando cometan la falta, hágales saber la consecuencia. (tareas, privilegios anulados, cancelación de salidas) Muestre los beneficios de obedecer. (premios, alabanzas, ganar privilegios)

La falta de conocimiento

Otro obstáculo que enfrentamos los padres a la hora de querer poner en práctica el ejercicio de la disciplina es *la falta de conocimiento.*

Es muy importante que nos instruyamos en la Palabra de Dios, bajo la guía del Espíritu Santo. El instruirse requiere de un esfuerzo por querer aprender e indagar en las profundidades espirituales.

La mayoría de las veces no actuamos como deberíamos porque no estamos enterados de nuestros deberes y responsabilidades como padres. Un hijo no viene con la etiqueta de cómo "dirigirlo, enseñarle o guiarle". No vienen con un instructivo o manual debajo del brazo. Todo eso lo aprendemos de camino, y mientras eso sucede cometemos muchísimos errores. Nadie se tomó el tiempo de mostrarnos qué hacer y no es sino hasta que sentimos que nos hundimos cuando generalmente buscamos ayuda.

Testimonio Personal

Al principio de nuestro ministerio, y cuando nuestros hijos estaban pequeños, yo me sentía muy confundida y desanimada. Tenía hijos muy activos e inteligentes y demandaban demasiadas atenciones. No sé de dónde saqué la idea de que mis hijos tenían que ser perfectos, porque de no ser así, yo no iba a ser digna de servirle a Dios.

Durante varios años me negué a la oportunidad de viajar con mi esposo y enseñar la palabra de Dios porque me sentía poco acreditada debido a la inquietud de mis hijos. En muchas iglesias a las que llegaba se me clavaban las miradas de juicio y condenación de otros consiervos en el ministerio, como si hubiesen olvidado ya lo que significaba criar niños pequeños. Por esa razón decidimos mi esposo y yo instruirnos y seguir de cerca el testimonio de aquellos ministerios que como nosotros tenían hijos pequeños y que se habían dado a la tarea de desarrollar la obediencia y disciplina en ellos.

Comenzamos a estudiar a fondo la palabra de Dios, con la meta de aprender a ser padres. Fue necesario aceptar que no lo sabíamos todo, ni que teníamos todas las respuestas.

Al cabo de algún tiempo, Dios comenzó a revelarse a nosotros a través de Su palabra y descubrimos que todo lo que uno aprende puede aplicarse a la resolución de tareas diarias por el resto de la vida.

Estando en Costa Rica, me gradué de la Universidad como Maestra de Educación Especial y llevé también varios años de estudio del griego koiné y su gramática, en la escuela de Filología. Comencé a estudiar la palabra de Dios en el original griego junto con mi esposo y descubrimos verdades valiosas que siempre habían estado allí, pero que no habíamos estudiado. De pronto todo comenzó a cobrar más vida, y lo que antes parecía confuso, se aclaraba de una manera hermosa y sencilla. Dios comenzó a enseñarnos el arte de criar a nuestros hijos.

"El Arte de criar a los hijos"

Un Capítulo de la Biblia que por años he estado estudiando y desglosando es el Capítulo Segundo del Libro de Tito. Donde se amonesta a las mujeres mayores en el Señor a enseñar a las más jóvenes a cómo amar a sus esposos y a sus hijos.

Y fue cuando descubrí un tesoro en la Palabra de Dios que cambiaría mi vida por completo. En el Capítulo 2 de Tito, el verbo griego que aparece traducido como: "amar a sus hijos" no es el mismo término que se aparece en "amar a sus esposos".

Yo pensaba que a los hijos se les quería con ese tipo de amor de mamá que es sacrificado y que pone todo en último lugar para satisfacer cada una de las necesidades de los hijos. Y fue cuando comprendí que primero tenía que aprender a amar a mi esposo de la forma correcta, dándole el lugar que realmente Dios quería para él.

Pensaba que como mis hijos estaban pequeños, debía dejar a un lado a mi compañero y dedicarme por completo a los pequeños. ¡Cuán equivocada estaba! Todo lo que me habían enseñado en esta sociedad y en mi trasfondo familiar estaba en contra de lo que la instrucción Divina nos dice.

Amores distintos

Uno no ama de la misma manera al cónyuge que a sus hijos. Al esposo se le debe amar con un amor **FILANDROS**, mientras que a los hijos se les debe amar con **FILOTEKNOS**.

El amor FILANDROS es el amor de amiga, de

esposa y de amante. Es literalmente ser amante y aficionada al marido. Cuando uno es aficionado a algo, llena toda
su vida con ese algo y el objeto de interés es esa afición.
Cuando nos gusta algo, lo disfrutamos. Para ser fanática
de alguien, una debe conocerle, pasar tiempo con esa persona y descubrir todo lo relacionado a ese alguien.

Me había vuelto aficionada de mis hijos; todo gi-
raba alrededor de ellos, y mi esposo era quien recibía
tan sólo lo necesario de mi. Fue cuando tomé la decisión
de amarle con un amor más libre, genuino y apasionado.
Decidí poner mis prioridades en orden. Primero está Dios
y mi relación con El. luego estoy yo (si no me amo a mi
misma ¿cómo podría amar a alguien más?) después mi
esposo y entonces es cuando vienen los hijos.

Comencé a hacer cambios pequeños al principio,
pero de mucho valor, y muy pronto comencé a ver frutos
positivos.

El hecho de reacomodar al cónyuge a su posición
original, no quiere decir que vamos a descuidar a nuestros
hijos. Ellos recibirán todo el cariño, comprensión y atención que merecen, en el momento que deben. Si el niño ya
ha comido, está limpio, descansado, y se le ha brindado
atención, es el momento para que mamá tenga su espacio
y también tenga tiempo a solas con papá. Los niños pueden ser muy demandantes y querer hacer las cosas a su
manera, cómo ellos quieren y cuando quieren. Los padres
son los que ponen las reglas, no los niños. El que manda
en su casa es usted, no sus hijos.

Criar a los hijos es un arte

Si analizamos la palabra de Dios en Tito 2, podemos denotar que la palabra FILOTEKNOS se compone de dos raíces: FILOS + TEKNOS.

La palabra FILOS se refiere a ser amigo, asociado y compañero de alguien, y la palabra teknos, que es niño, también tiene una connotación más rica. La raíz TEKNO: quiere decir "instruir en un arte". De hecho la raíz griega FILOTECNIA es el tener entusiasmo por un arte en particular. En este caso, la madre debe tener un entusiasmo por aprender el arte de criar a sus hijos.

En sí el término filotéknos se refiere a la relación íntima y recíproca formada por vínculos de amor, amistad y confianza entre padres e hijos. También tiene implícito el hecho de nutrir las mentes de los niños a través de la instrucción, transfiriendo el conocimiento de una técnica o un arte. No se trata sólo de amar a nuestros hijos, sino de convertirnos en sus amigos, compañeros y maestros. Debemos cultivar sus mentes y su espíritu.

La técnica de criar a los hijos está enseñada a lo largo de la Palabra de Dios. Por eso debemos como padres instruirnos en ella. Esa técnica o arte se llama: Paideia. Más adelante en el libro explicaremos este concepto.

¿Qué instrucción debemos darle a nuestros hijos? ¿Por dónde comenzar?

HIJOS, OBEDEZCAN A SUS PADRES

Lo primero que debemos transmitir a nuestros hijos desde muy pequeños es que hay un mandamiento que incluye una promesa grandiosa en la Palabra de Dios. "Hijos *obedeced* a vuestros padres, porque esto es justo. *Honra* a tu padre y a tu madre, que es el primer mandamiento con promesa; para que te vaya bien, y tengas larga vida sobre la tierra." Efesios 6:1-3

"Hijos *obedeced* a vuestros padres en todo, porque esto agrada al Señor. Colosenses 3:20.

Los niños aprenden obediencia. Nos corresponde a nosotros enseñarles a obedecer. Es a través de nuestro testimonio que ellos aprenderán. Recuerde que una acción habla más que mil palabras.

Emprendamos entonces el emocionante viaje hacia la obediencia…

Capítulo 2

La Obediencia

La obediencia

"Hijos obedeced en todo a vuestros padres..." Efesios 6:1

La primera vez que aparece la palabra obedecer en el Nuevo Testamento es en Mateo 8:27 (**giupakúo**), cuando todos estaban maravillados de cómo el mar y los vientos obedecían a Jesús. Luego sigue apareciendo en diversas formas en: Marcos 1:27 (**giupakúo**) Marcos 4:41 (**giupakúo**) Lucas 8:25 (**giupakúo**) Lucas 17:6 (**giupakúo**) Hechos 5:29 (**peitharcheo:**) Romanos 2:8 (**peitho:**) Romanos 6:12 (**giupakúo**) Romanos 6:16 (**giupakúo**) Gálatas 3:1 (**peitho**) Gálatas 5:7 (**peitho**) Efesios 6:1 (**giupakúo**) Colosenses 3:20-22 (**giupakúo**) Hebreos 13:17 (**peitho**).

La palabra obediencia proviene de varios vocablos griegos, y tiene distintas connotaciones.

En nuestro idioma, el español, el término: obedecer tiene un trasfondo un poco fuerte en cuanto a la acción que dicho verbo efectúa. Cuando hablamos de obediencia inmediatamente nos imaginamos el cumplimiento de una orden sin cuestionamiento ni tardanza. Se refiere a un comportamiento obediente o sumiso con respecto a otra persona. Sin embargo, en el griego Koiné tenemos varias expresiones que denotan puntos distintos. Vamos a estudiarlas:

Peitharcheo es una palabra griega que quiere decir obedecer a aquel que está en autoridad. Es la obediencia a Dios como un magistrado, alguien en eminencia y autoridad. Podemos encontrarla en Hechos 5:29 Este tipo de obediencia no es la que se les pide a los hijos con respecto a los padres, sino a Dios.

Peitho: es otra forma de obediencia. Significa persuadir a alguien por medio de palabras, complacer o seguir a alguien. Es Inducir, mover, obligar a alguien con razones válidas a creer o hacer algo. En el caso de Romanos 2:8 es cuando uno ha sido persuadido de la veracidad de la Palabra de Dios, entonces la obedece.

υπακοη ης (**giupakúo**) es la más común y la que se usa en relación a los hijos con respecto de los padres. Su significado implica: escuchar atentamente. Responder cuando se le llama, atender, obedecer sometiéndose voluntariamente y servir. También consentir en algo o estar de acuerdo. Es usada en muchos pasajes y concerniente a los hijos aparece en Efesios 6:1 (**giupakúo**) y Colosenses 3:20-22 (**giupakúo**). El contexto de esta palabra es sumamente positivo y alcanzable por parte de los hijos. No tiene de ninguna manera ningún sentido déspota, opresor o tirano de parte de los padres.

La Obediencia se aprende

La obediencia se aprende. La sujeción se decide. No es algo que forma parte de nosotros desde que nacemos, sino que las experiencias diarias nos tornan en personas obedientes o rebeldes.

En nosotros viene la semilla de la rebelión, de una manera muy sutil y casi desapercibida, porque la naturaleza humana es así. Sólo busca su propia satisfacción y bienestar sin importar la integridad de los demás.

Nos toca a nosotros como padres enseñar a los hijos cómo ellos pueden aprender a escuchar atentamente y responder cuando se les llama, atendiendo con una actitud servicial y voluntaria. Pero para que ellos sigan esto, deben aprenderlo de nosotros. Los primeros que debemos saber escuchar somos nosotros los padres.

Pasar del nivel de "emisor" al rol de "escucha" es muy difícil pero no es imposible. Algunos generalmente prestan atención a los detalles de lo que sus hijos les dicen, mientras que otros padres rápidamente interrumpen tratando de arreglar el problema inmediatamente.

La mayoría de los niños no están buscando a alguien que les arregle su vida, sino a alguien con quien desahogar sus más profundos sentimientos. Si aprendemos a escuchar a nuestros hijos y no sólo a *oírles*, ellos aprenderán obediencia. Si tratamos de no condenarles, gritarles, herirles y castigarles ante el más mínimo error que cometan, sino que hacemos el esfuerzo por analizar toda la situación antes de emitir un juicio, ellos responderán de una manera más positiva.

Para que los niños aprendan a escuchar y prestar atención, es menester que nosotros los padres aprendamos **comunicación.** Si no transmitimos nuestros sentimientos, pensamientos y emociones de la manera correcta, el fruto que obtendremos no será el esperado. ¿Cómo vamos a obedecer algo que no conocemos? Si nadie nos explicara las reglas establecidas en nuestro hogar, escuela, país o medio inmediato de desarrollo, entonces cometeríamos actos que irían en contra del bienestar de lo que nos rodea.

Cada familia, escuela y país tienen normas de conducta algunas veces diferentes por medio de las cuales se rige la gente. A un niño hay que darle respuestas concretas a preguntas concretas. Directrices sólidas y comprensibles. Si les exponemos nuestras ideas de una forma clara, concisa, precisa, podrán comprender y entender perfectamente lo que se demanda de ellos. Ante cualquier regla debe existir también una explicación del por qué de esa regla o mandato, así cómo las consecuencias reales si no se acata dicha regla.

Pasos a la Obediencia

A manera de síntesis, la obediencia lleva consigo los siguientes aspectos:

Escuchar , prestar atención, acatar la orden, tener disposición y acción del mandato

Cada niño es diferente y por lo tanto su capacidad de aprender obediencia varía. Pero sin embargo, todos están equipados para aprenderla.

Es difícil, por ejemplo que un niño hiperactivo siga instrucciones adecuadamente debido a su dificultad para prestar atención y mantenerla.

Es importante no emitir juicios subjetivos con respecto a la conducta de un niño y por ende no se les debe etiquetar por medio de esas conductas. Que el niño sea inquieto, perspicaz, inteligente, no quiere decir que sea "hiperactivo". Que sea tranquilo, pacífico y un poco tímido no quiere decir que sea "autista".

¿QUÉ ES LA HIPERACTIVIDAD INFANTIL?

El término "hiperactividad" se utiliza para describir a una clase de niños (posteriormente jóvenes y adultos) que presentan un comportamiento especial, diferente de la mayoría, que se considera "normales".

En la actualidad se considera la hiperactividad como <u>un trastorno de conducta</u>, caracterizado básicamente por la *imposibilidad de mantener la atención en una situación durante un período de tiempo razonablemente prolongado.*

Estos niños presentan:

1- Una actividad motriz excesiva (se mueven constantemente y mucho más que lo "normal") además, su movimiento no parece justificado por la necesidad de hacer algo; parece que "se mueve por moverse".

2– Dificultad para poner atención a las cosas que ven o escuchan. Atienden con interés durante unos períodos de tiempo muy breves, insuficientes para analizar las cosas con detenimiento y eficacia.

3– Impulsividad o falta de reflexión, a la hora de responder a una pregunta o tomar una decisión. No saben "pararse a pensar antes de actuar"

4– Falta de constancia. Empiezan cosas y no las terminan: juegos, tareas escolares, etc. Su interés varía de acuerdo con la actividad.

5– Falta de atención que les dificulta aprender, por eso presentan retrasos generalizados en su desarrollo: social, escolar, personal, etc. Suelen leer y escribir mal; cometer errores frecuentes en sus tareas escolares, confundir hechos, fechas (todo debido a su falta de atención)

6– Problemas de relación interpersonal con sus profesores y compañeros (sólo ocasionalmente se llevan bien con éstos)

7– Inhabilidad de ejercitar su memoria. Olvidan dónde han dejado sus cosas; juguetes, materiales escolares.

8– Movimientos motrices bruscos, rápidos y, consecuentemente, torpes. Rompen cosas sin querer, tropiezan, se golpean,

Parece darse con más frecuencia en niños que en niñas, pero cabe señalar que en muchos casos de consulta por "posible hiperactividad", aparecen niños muy inquietos a nivel motor, con graves problemas de disciplina, pero SIN DÉFICIT DE ATENCIÓN, lo que haría necesario descartar todas estas consultas de "hiperactividad falsa".

Se pone de manifiesto desde el primer año de vida, aunque resulta difícil, cuando no imposible, confirmar tal diagnóstico hasta los 4-5 años de edad.

Este se considera un trastorno de base biológica. La hiperactividad **NO TIENE NINGUNA RELACIÓN** con factores ambientales, tales como ALIMENTACIÓN o EDUCACIÓN INADECUADAS.

La probabilidad de que el niño fracase en la escuela es muy alta cuando:

-los padres ignoran sus dificultades y le exigen demasiado.
-los padres ignoran sus dificultades y le exigen lo mismo que a los demás.
 -el niño posee una capacidad intelectual baja (CI < 100)

Hay una alta probabilidad de que tenga problemas graves de conducta social: inadaptación o delincuencia ya asociada al fracaso escolar generalizado y a la falta de apoyo familiar, de no hacer algo al respecto.

Este niño no tiene ningún daño físico. Su cerebro es de aspecto absolutamente normal. Sencillamente "funciona de manera diferente". Tampoco hay evidencia de que la hiperactividad sea hereditaria.

Los niños hiperactivos suelen presentar dificultad

para comer, dormir, son inquietos, irritables, pero este comportamiento también lo presentan algunos niños que NO SON HIPERACTIVOS. Por lo tanto, solo se consideran indicadores de una posible hiperactividad que se confirmará en el futuro.

La ansiedad es una consecuencia de la hiperactividad, no es la causa. Por eso hay que tratar con la raíz del problema. También muchos padres se vuelven hostiles y violentos con el niño, debido a que no comprenden por qué el niño se comporta de ese modo y tampoco saben cómo abordar la situación.

¿Qué se puede hacer con un niño inquieto?

En la escuela es necesario realizar ajustes en el currículo del aula, para facilitar al niño su seguimiento de una manera más cómoda y factible para él. Deben pedírsele tareas más cortas o permitirle hacer interrupciones en las mismas.

Se le debe permitir levantarse y moverse, siempre de manera que no moleste a nadie. La maestra puede nombrarle su "ayudante" y así poder llevar pequeños recados del profesor en clase.

Se le puede enseñar a que mantenga la atención durante períodos de tiempo cada vez mayores (focalización y regulación de la atención), a que aprenda autocontrol de sus emociones (ira, tristeza) y a resolver sus problemas con otros niños y adultos.

Es importante ayudarle a que aprenda a controlar su comportamiento en el aula, lo que repercutirá en una mejor relación con los demás, en unos mejores resultados académicos y en una mejora de su autoestima.

También se le debe ayudar a que aprenda a controlar su comportamiento en su casa, lo que repercutirá en mejores relaciones familiares y una mejor relación consigo mismo.

Los padres deben recibir entrenamiento en técnicas educativas. Hable con la maestra de su hijo al respecto.

Recuerde no castigar el exceso de movimiento del niño sino que hay que ensenarle al niño a que ese movimiento sea controlado y adaptable.

Los padres deben hacer contacto visual, motivando al niño a que los mire a los ojos,, hablándole suavemente pero con firmeza. Luego deben pedirle que repita lo que se le ha dicho para ver si ha entendido el mensaje.

Enseñándole habilidades sociales básicas y de solución de problemas interpersonales, el niño podrá desenvolverse mejor en diferentes entornos. Organizando las tareas en tiempos cortos, permitiendo que haga descansos al concluir las mismas, reforzando los períodos de atención, controlando el ambiente para que haya los menores elementos distractores posibles, asegurará cambios. Si le enseñamos a los niños a pensar antes de actuar para regular su comportamiento, le entrenará tanto para enfrentarse a una tarea como en sus relaciones interpersonales.

El niño debe aprender a pensar: "¿Qué tengo que hacer? ¿Qué planes puedo intentar? ¿Qué pasaría si hago esto? Hay que enseñarle a centrar la atención y guiar la respuesta así como a evaluar su conducta y valorar los cambios y avances realizados. De esta manera su autoestima se levanta y construye.

Este auto-análisis le ayuda al niño de manera objetiva a evaluar sus acciones y conductas.

¿Por qué es tan difícil desarrollar y aprender obediencia?

La obediencia no es tarea fácil. Lo que pasa es que todos los niños (y aun nosotros como adultos) tendemos a desarrollar un tipo de "**audición selectiva**". Esto quiere decir que se puede desarrollar una habilidad para escuchar lo que queremos escuchar y desechar lo que no nos gusta o nos molesta.

Por ejemplo: nuestros hijos pueden percibir y oír conversaciones relacionadas con el planeamiento de unas vacaciones, fiestas, y otras cosas placenteras para ellos, pero sin embargo, ensordecer cuando se les dice que arreglen su cuarto, recojan sus cosas o que realicen una tarea determinada. Es entonces donde aparecen las excusas y malas actitudes.

¿Cómo obedecer lo que no sabemos?

Alguien tiene que tomar el tiempo para explicarnos lo que por estándar está bien o mal. Es por eso que la Palabra de Dios debe ser el manual instructivo de los padres. En ella están implícitas todas las directrices a seguir y de cómo lograrlo.

La Confianza afirma la Obediencia

Es difícil desarrollar obediencia en nuestros hijos cuando no hemos desarrollado en ellos **la confianza.** Confianza en ellos mismos, en nosotros como padres y en Dios. Los niños deben saber que lo que se les pide es para bien de ellos y no de los padres.

Si el hijo confía plenamente en sus padres y en su habilidad de proveer información y aplicar corrección, el resultado será siempre positivo. Ellos no obedecerán a alguien en quien no confían. Si aprenden a obedecer a los padres, aprenderán a obedecer el llamado de Dios en sus vidas en el futuro.

En una familia saludable, el niño crecerá con padres en los que puede confiar. Confía en que lo protegerán, le proveerán lo necesario y velarán por su bienestar. Por consiguiente, desarrolla fe en ellos.

Enséñele a sus hijos cuál es el quinto mandamiento que se refiere exclusivamente a ellos y que encierra una promesa. De hecho es el primer mandamiento con promesa.: ***"Hijos obedeced a vuestros padres que este es el primer mandamiento con promesa" Efesios 6:1-4***

Aplicado efectivamente, el quinto mandamiento desarrolla en el niño las cualidades de obediencia, fe y reverencia, las mismas características que necesitará como adulto para adorar correctamente a Dios y seguir sus mandamientos. La importancia y sabiduría de Dios se hacen manifiestas. Se ordena al hijo a honrar a sus padres para que cuando sea adulto pueda honrar a Dios, guardando sus mandamientos y teniendo "larga vida."

"Honrar" a los padres implica manifestarles una actitud de respeto por ser los progenitores. Por medio de esto el niño aprende reverencia. *"El hijo honra al padre y el siervo a su señor. Si, pues, soy yo padre, ¿dónde está mi honra?" (Malaquías 1:6).*

Los padres que fomentan la falta de respeto en sus hijos los preparan para faltarle el respeto a Dios. Los padres que nunca están en la casa con sus hijos están privándolos de aprender la fe y obediencia que más tarde podrían transferir a Dios. Aquellos que temen disciplinar a sus hijos impiden que ellos aprendan el acatamiento a la autoridad. El mundo no proporciona ningún modelo apropiado para la familia, sólo la Palabra de Dios. Hay que recordar que el mandamiento no caduca cuando se alcanza la edad adulta. El Señor Jesús aplicó el mandamiento a los adultos de su época, quienes evitaban sus responsabilidades económicas hacia sus padres refugiándose en la tradición del korbán (Mateo 15:4-9). Korbán se deriva de la raíz hebrea (קרב) que significa *venir a Dios* o *acercarse*; similar a la palabra latina *sacrificium*, sacrum facere (hacer sagrado).

Jesús les decía a los fariseos: «¡Qué bien violáis el mandamiento de Dios, para conservar vuestra tradición! Porque Moisés dijo: 'Honra a tu padre y a tu madre y: el que maldiga a su padre o a su madre, sea castigado con la muerte'. Pero vosotros decís: 'Si uno dice a su padre o a su madre: Lo que de mí podrías recibir como ayuda lo declaro "Korbán" -es decir: ofrenda-', ya no le dejáis hacer nada por su padre y por su madre, anulando así la Palabra de Dios por vuestra tradición que os habéis transmitido; y hacéis muchas cosas semejantes a éstas»

La norma divina, por consiguiente, tiene implicaciones sobre los hijos adultos en su relación con los padres. Debe haber una continuación del respeto tanto en la actitud como en la práctica. De la misma manera que los padres una vez apoyaron a los hijos, éstos ahora necesitan cuidar de sus padres. De cualquier modo que se exprese, debe haber una continua implementación del mandamiento para mostrar honra y respeto a nuestros padres.

¿Qué debemos hacer los padres para desarrollar la obediencia en nuestros hijos?

Existen ciertas actitudes y conductas que debemos cambiar con el fin de ayudar a nuestros hijos en la difícil tarea de aprender obediencia.

A nosotros los padres se nos amonesta en Colosenses 3:21 lo siguiente: "...**no exasperéis** a vuestros hijos, para que no se desalienten." Y en Efesios 6:4 " **no provoquéis a ira** a vuestros hijos".

Hay varias palabras claves a estudiar aquí. La primera es con respecto a exasperar, impacientar y desesperar a nuestros hijos. ¿Qué significa eso? Veamos.

En Colosenses 3:21 la palabra exasperar: **erezitso** quiere decir: provocar al enojo, irritar, hacer enfadar. Además, esta misma palabra proviene de la raíz **erítzo** que significa: reñir, disputar, contender, pelear.

En Efesios 6:4 esta misma expresión aparece bajo la palabra griega **parorgitzo** que básicamente significa: provocar a ira, desesperar, exasperar e irritar.

Nosotros los padres somos los que no tenemos que provocar a nuestros hijos a tal punto que se rebelen y manifiesten disconformidad en contra nuestra. A nuestros hijos les toca responder y atender voluntariamente a la obediencia. Ellos responderán al estímulo que se les presente. Si es un estímulo negativo, responderán negativamente. Si les gritamos, gritarán de vuelta.

¿Cómo puede un hijo aprender obediencia y sujeción? El versículo 4 de Efesios nos da la respuesta: *"criando a nuestros hijos en la disciplina y amonestación del Señor".* Es a nosotros a quienes nos toca enseñar y entrenar a nuestros hijos, no a los maestros ni especialistas. ¡Que privilegio tenemos! Es un tesoro que poseemos.

Sugerencias a los padres:

- Participe activamente en los juegos de sus hijos, sin importar la edad de ellos.
- Haga preguntas que inviten al diálogo.

- Escuche atentamente cada vez que respondan una de sus preguntas.
- Cuénteles historias; reláteles eventos de su niñez y juventud.
- Converse con ellos sobre los mejores y peores momentos de cada día.
- Cuando sus hijos tengan que tomar alguna decisión, explore con ellos las opciones y ayúdeles a escoger la mejor alternativa.
- Siéntense a comer juntos y conversen .
- Apague el televisor durante un tiempo para conversar sobre algún suceso familiar reciente o sobre algún evento próximo.
- A la hora de dormir acérquese a la cama de sus hijos y hábleles sobre lo maravilloso que es tenerlos como hijos. Ore con ellos, pidiendo la bendición de Dios sobre toda la familia.
- Incúlqueles la importancia de perdonarse y de reconciliarse. Si hubo alguna disputa familiar en el día, intente la reconciliación. Usted es el mejor modelo para ellos.

A continuación te invitamos a descubrir junto con nosotros cómo educar y criar a nuestros niños en el temor de Dios y en el respeto mutuo. Trataremos temas como la disciplina, la corrección y el castigo a la luz de las Sagradas Escrituras, así como la habilidad para comunicarnos y acercarnos a nuestros hijos sin miedo al fracaso ni a la desilusión. Bienvenidos a la técnica de crianza según la palabra de Dios.

Capítulo 3

El Comportamiento

El Comportamiento

El comportamiento es la manera de proceder de las personas en relación con su entorno y los estímulos recibidos. La manera que reaccionamos está determinada por las situaciones que enfrentamos. Un comportamiento se considera adecuado si cumple una serie de reglas reconocidas en una comunidad o sociedad. Si estas reglas no se cumplen entonces el comportamiento se vuelve inadecuado.

Conductas inadecuadas

En este capítulo veremos tipos de conducta inadecuada más comunes, y trataremos de brindar consejos que ayudarán a los padres a que dicha conducta sea modificada. Existen cuatro factores que determinan o conllevan a un niño a actuar de manera indebida. Si usted como padre puede reconocerlos e identificarlos, la mayoría de conductas inapropiadas podrían evitarse.

El deseo de atención. Muchos niños se comportan mal para ganar la atención de los padres y de quienes los rodean. Si ellos no obtienen atención de la manera tradicional y sana, entonces se comportarán mal con el propósito de obligar a sus padres a fijar su atención en ellos. Muchos niños simularán enfermedades para sentirse objeto de la atención de aquellos a quienes aman. Si como padres les damos la atención necesaria y debida a nuestros hijos, eso reducirá la posibilidad de tener problemas y reducirá los que ya existen. Cuando usted se siente molesto e incómodo por este comportamiento, entonces es una señal de que existe un problema de atención.

El deseo de obtener poder. Muchos niños expresan su deseo de poder, comportándose irrespetuosos, desobedientes o siendo controversiales. Muchas veces este tipo de niño se siente derrotado cuando se le dice qué hacer y cómo. Si no obtienen poder de la manera apropiada, buscarán obtenerlo por otras vías. Si usted se siente amenazado, existe un problema de luchas de poder.

El deseo de venganza. Lamentablemente muchos niños encuentran satisfacción personal siendo violentos y malvados. Escribir en los pupitres, paredes, amenazar a los menores, etc. son señales de esto. El propósito de estos comportamientos es la venganza. Usted se sentirá temeroso y enojado al tratar con un niño con deseo de venganza.

El deseo de auto-confianza. Cuando el niño no tiene confianza en sí mismo, siempre se verá como un perdedor. Este niño es capaz de manejar sus estudios apropiadamente, pero no ve sus logros positivos ni los valora. Siempre quiere ganar. Este comportamiento genera frustración en los padres ya que sienten que nada de lo que hacen es suficiente para agradar a su hijo.

Necesidades Básicas en el ser humano:

Comida, bebida, aire, descanso, relaciones sociales, escape del dolor, son algunas de las necesidades básicas del ser humano. Antes de motivar a un niño con respecto a la autodisciplina, es necesario que sus necesidades básicas estén cubiertas.

Un desayuno moderado y en paz por las mañanas pueden hacer un cambio positivo durante todo el período escolar. Abastecer al niño del agua suficiente para mantenerle hidratado es importante. Hay que tomar en cuenta que el aumento en la sed puede ser debida a trastornos de salud, como la diabetes, o puede ser incrementado por el uso de drogas o medicamentos. Tenga especial cuidado en las comidas grasosas y con altos contenidos de azúcar. Una dieta balanceada es lo mejor: frutas, vegetales, granos y carnes. Si los hijos ven que sus padres comen bien, ellos aprenderán a comer bien.

Un descanso nocturno adecuado es fundamental. Cada niño es diferente y algunos necesitan más horas de sueño que otros, en este caso arregle su horario de manera que aprendan a ir a la cama a horas determinadas para conseguir el descanso adecuado.

Los problemas familiares, las preocupaciones, el trabajo excesivo, pueden estar interfiriendo con el descanso del niño. Existe el descanso físico y el mental. Ayudar al niño a conversar con respecto a sus propias preocupaciones, le ayudará a descansar mentalmente. Haga que se relaje y que se tranquilice. Deje que el niño le haga preguntas y usted contéstele de la manera más sincera y clara.

Proporcionar al niño un espacio personal, temperatura y aire adecuados reducen las posibilidades de que sufra de asma o que se sienta como encerrado. También si hacemos sentir al niño como parte fundamental del núcleo familiar o de la clase o grupo de amigos, aumentará su autoestima. Hagámoslo sentirse importante y único.

Muchos niños si no son guiados y enseñados a manejar el dolor, buscarán alivio en drogas o el alcohol. Otros se escaparán de clases, y otros casos extremos tendrán pensamientos suicidas con tal de terminar con un dolor presente. El hecho de sentir que fallan en la escuela y la casa les pone en esta situación.

Existen otros sentimientos presentes en los niños que debemos tener en cuenta. El problema es que en lugar de entenderlos, luchamos contra ellos. A continuación delimitaremos algunos:

La sociabilidad: Ser parte de algo, no estar solo y sentirse involucrado, son necesidades que los niños manifiestan. Niños con necesidad de socialización organizan eventos, les gusta mantener a la gente informada, prefieren trabajar con otros que hacerlo solos, siempre piden la ayuda de los demás. Empiezan sus propios clubes o pandillas, si esta necesidad no es llenada.

La agresividad: Si el niño molesta a otros para que escuchen sus ideas, o le dicen a la gente cómo se sienten con respecto a todo, no les gusta seguir direcciones, luchan contra la autoridad, y casi siempre están en contra de todo, son niños que tienen necesidad de sentirse tomados en cuenta, de declarar su opinión y de obtener aprobación. Si no lo logran se vuelven agresivos.

La afiliación: o deseo de pertenencia, ya sea a un grupo, pandilla o club. El deseo de aceptación es muy fuerte, sobre todo en los adolecentes. Si esta área no está cubierta en la parte básica, en el hogar, el muchacho buscará afiliarse a otros que piensen como él y que le acepten.

La curiosidad: todo niño tiene ansias de experimentar lo incierto, lo desconocido, lo nuevo, lo prohibido. Esta necesidad puede ser cubierta por los padres siempre y cuando no se le al niño más información de la que en realidad necesita para su edad. No de más respuestas o aclaraciones que no tengan que ver con la pregunta original del niño. Conteste sólo lo que él pregunte, de una manera sencilla y clara, de acuerdo con su edad.

Los logros: son las ganancias de lo que se intenta. Los éxitos. Un logro es aquello exitosamente alcanzado especialmente por la perseverancia, la práctica, la habilidad y el esfuerzo. Es muy importante que el niño tenga metas y que logre esas metas. Muchas veces la frustración viene porque las metas son muy altas e inalcanzables por el niño en ese momento. Ayúdele a plantearse metas de acuerdo con su edad y madurez y que los logros que obtenga le ayuden a ser una mejor persona.

Estatus: es la posición con respecto a los demás. Es el carácter legal y posición de una persona. El niño lucha siempre por conseguir ese estado o posición, y sobre todo por posicionarse en un alto estatus.

La autonomía: es la condición y estado del individuo con independencia y capacidad de autogobierno. El niño siempre tiene necesidad de sentirse libre. Pequeñas responsabilidades, enseñan autonomía en los niños.

Ideas prácticas para mejorar esas conductas inadecuadas así como la relación con sus hijos

- Busque razones para alabar a sus hijos cada día, destaque toda buena conducta.
- Sea sincero con su propio nivel de frustración y desespero; comunique claramente los sentimientos a sus hijos para que lo sepan comprender.
- Demuestre usted primero los valores que espera ver en sus hijos.
- Enseñe a sus hijos que tienen permiso para expresar sus sentimientos de miedo, ira, alegría, tristeza o temor. Muéstreles cómo manejarlos correctamente.
- Enseñe a sus hijos lo que nos enseñó Jesucristo: *"Hagan ustedes con los demás como quieran que los demás hagan con ustedes"*.
- Evite hacer comparaciones entre sus hijos y mostrar favoritismos.
- Enseñe a sus hijos a cumplir responsablemente con sus deberes en el hogar.

- Participe en la educación de sus hijos, apóyelos en los distintas tareas, actividades de la escuela.
- Infórmese de lo que sus hijos ven en la televisión; véanla juntos y discutan lo que están viendo.
- Aprenda a discutir los valores y las conductas sexuales sincera y abiertamente, de acuerdo con el nivel de comprensión de cada uno de sus hijos, .
- Enseñe a sus hijos a desarrollar el buen hábito de conversar abiertamente con Dios. Lea la Biblia ya que Dios canaliza su ayuda a través de su estudio y meditación. Guíelos hacia Dios.
- Sobre todo, haga un esfuerzo por hacer de su hogar un lugar agradable donde vivir.   Esto no significa lujo ni énfasis exagerado en el bienestar material; significa crear un lugar donde todos puedan sentir la alegría de estar en casa, porque la misma es un refugio pacífico.

Si su hijo no obedece

Como toda conducta, la obediencia también tiene sus leyes. Recordémoslas para poderlas aplicar:

- Espere a que el niño obedezca. Cuando le pida algo, dele tiempo para obedecer.
- No le exija demasiado. Los niños deben aprender a ser útiles, pero todo tiene su edad y sus límites.
- Muéstrese decidido. Demuestre interés en el cumplimiento del pedido que hizo a su hijo. No cambie de

opinión a mitad de camino. Mantenga siempre la misma línea de acción. Nada es más difícil para un niño que adquirir buenos hábitos cuando se ve sometido a métodos contradictorios, que cambian de un día para otro.

- No pierda la paciencia. Actuar con ira es la forma más segura para lograr que un niño reaccione inmediatamente con rebeldía o que guarde rencor. Es mejor pedir que ordenar. Así conseguirá no sólo obediencia sino cooperación.

- No compre la obediencia de su hijo con promesas y adulaciones, de lo contrario, él, pronto comprenderá que puede negociar con usted para evadir responsabilidades.

- Use el castigo sólo como último recurso. Cuando lo aplique (en última instancia) sea didáctico y hágalo con amor. Recuerde que la obediencia ciega forma niños temerosos y subyugados; es la obediencia racional e inteligente la que logra caracteres maduros y equilibrados.

En el capitulo siguiente continuaremos explorando la palabra de Dios con respecto a la disciplina y la amonestación. Ninguno de estos términos significa "castigo". Estas palabras no son sinónimas, por lo cual no debemos utilizarlas de manera intermitente. La disciplina y la amonestación son parte de la técnica de crianza que Dios enseña a sus hijos. ¡Dios es el Padre ejemplar por excelencia!

Capítulo 4

La Disciplina y la
Amonestación

La Disciplina y la amonestación

El verdadero significado de la disciplina
según la Palabra de Dios

**"...*criadlos en disciplina y amonestación del Señor...*"
Efesios 6:4**

El simple hecho de nombrar la palabra disciplina, para muchos es sinónimo de castigo y eso no es así. La disciplina lleva implícito el castigo como una forma de suprimir las conductas negativas, pero no es la base de la misma.

En este pasaje, disciplina y amonestación no son sinónimos.

¿Qué entendemos por disciplina?

Disciplina es el cumplimiento de normas de conducta en situaciones específicas. La disciplina necesita de entrenamiento. El diccionario Webster nos da varias definiciones entre ellas: "entrenamiento o experiencia que corrige, moldea, fortalece o perfecciona".

Desde el punto de vista conductual sería: *"el acto de cambiar la conducta de una persona con el fin de que actúe de manera más responsable y apropiada de acuerdo con las normas o reglas"*. Una regla es cualquier requerimiento que se le demanda a un niño.

La palabra griega usada en Efesios 6 para disciplina es PAIDEIA Παιδεια. PAIDEIA aparece unas seis veces en el Nuevo Testamento. Usted puede revisar estos pasajes: 2 Timoteo 3:16, Efesios 6:4, Hebreos 12:5, Hebreos 12:7, Hebreos 12:8 y 11.

Por otro lado, el término disciplina, aparece en el Antiguo Testamento unas 54 veces en la voz hebrea Muwzar. Ambas palabras (paideia y Muwzar) significan:

Educación, entrenamiento e instrucción de los niños por medio de la corrección disciplinaria. Es el proceso de formar, habituar, enseñar, reprender y castigar. Comprende el cultivo de la mente y la moral. Además incluye el entrenamiento y cuidado del cuerpo. Paideia es una técnica de entrenamiento que tiene diferentes etapas de aprendizaje.

La disciplina y la amonestación del Señor

La palabra usada para amonestación es **nouthesía** (nous: mente y tithemi: poner. Poner en la mente. Es influenciar la mente por medio de un consejo. Implica: advertencia y corrección. También significa consejería. Es dar consejo a los hijos de acuerdo a lo que la Palabra de

Dios enseña.

Tiene que ver con la voluntad y las emociones del ser humano, indicando que una persona puede redirigir o cambiar su vida de comportamientos erróneos.

Tanto Paideia (disciplina) como Nouthesía (amonestación) deben provenir del Señor, no de nuestro propio entendimiento o inteligencia. Confrontación, preocupación y cambio son los tres factores determinantes que hallamos en Nouthesía. A continuación más detalle:

Confrontación Es el consejo personal que alguien da a otro basado en las Sagradas Escrituras, limitando el consejo a aquello que la Biblia dice, convencido de que "Toda la Escritura es inspirada por Dios, y útil para enseñar, para redargüir, para corregir, para instruir en justicia, a fin de que el hombre de Dios sea perfecto, enteramente preparado para toda buena obra." (2 Timoteo 3:16-17).

Preocupación: significa que la consejería siempre se lleva a cabo teniendo en mente el beneficio del aconsejado. El apóstol Pablo lo escribió de la siguiente manera: *"No escribo esto para avergonzaros, sino para amonestaros como a hijos míos amados." (1 Corintios 4:14).* La familiaridad del verbo noutheteo aparece en este versículo. La consejería está hecha con el propósito de ayudarnos mutuamente a ser más como Cristo. Los cristianos consideramos la consejería como parte del proceso de santificación en el cual un cristiano ayuda a otro a superar aquellas dificultades que le impiden su crecimiento espiritual.

Cambio: Toda la consejería procura el cambio. Cristo es el modelo. La consejería bíblica es llevada a cabo por cristianos convencidos de que Dios es capaz de producir los cambios que son necesarios a través de Su Palabra y en el poder del Espíritu.

En el caso de Paideia, explicado de una manera breve sería el desarrollo integral de la persona. Es la cultivación del ser humano con afecto y a través de acciones. Es desarrollar lo bueno y lo hermoso en la persona. Este entrenamiento completo, (Paideia) del desarrollo humano empieza con el consejo (Nouthesia) del Señor. Nouthesia, como ya vimos proviene de dos raíces griegas "colocar" y "mente". Los padres de familia están llamados a enseñar a sus hijos, poniendo en sus mentes las cosas del Señor.

Debemos Confrontar a nuestros hijos con sus errores, cualidades y talentos, ayudándoles a cambiar lo que se debe cambiar a través del consejo del Señor por medio de Su Palabra. Una vez generado ese cambio, comienza el entrenamiento eficaz y efectivo enseñado en el proceso de Paideia de la Palabra de Dios.

Manual Instructivo de Crianza

El manual de instrucción para criar a nuestros hijos está enfrente nuestro, allí en la Palabra de Dios. Debemos instruirnos en cómo poner en práctica estas técnicas de entrenamiento con el fin de ayudar a nuestros hijos a convertirse en los siervos de Dios que ellos deben de ser. Si transmitimos a nuestros hijos todas estas verdades de manera positiva, y de manera consistente, ellos las transmitirán a sus hijos y sus hijos a sus hijos, de generación en generación.

"*Instruye al niño en su camino, y cuando fuere viejo no se apartará de él*" Prov.22:6

Esa instrucción y consejo de parte de Dios es lo que mantendrá a nuestros hijos en el sendero correcto. Los principios morales y divinos formarán su carácter y se fusionarán a su personalidad y toma de decisiones. Un niño bien formado, no sufrirá desviaciones con el tiempo.

Para poder llevar a cabo estos dos procesos en el niño, es necesario trabajar en el área de la comunicación y la confianza. Es preciso aprender a hablar claramente y con ideas completas. Si algo no se entiende, explicarlo de nuevo. También ayuda mucho el dar la misma idea pero expresada de dos maneras distintas, así si no comprendimos la primera vez, la segunda vez quitará toda duda.

Conversación y diálogo

Propicie la conversación y el diálogo. Elimine los monólogos. En el diálogo hay que dar tiempo a que ambas partes participen. Es mejor convertirse en un escucha que en un comunicador. Cuando dejamos que nuestros hijos se expresen libremente y nos cuenten todas sus cosas, estamos favoreciendo la confianza.

Aprender a escuchar es requerido para así contribuir a una buena comunicación. Sin comunicación, el mensaje se pierde, se distorsiona. Los malentendidos crean confusión y heridas. Nos hacen pasar juicios innecesarios sobre las personas y nos hacen infelices.

Cuando converse o discipline a sus hijos:

* Hable con ternura.

* Póngale límites de manera respetuosa.

* Señale reglas. Cuando lo haga sea breve y enuncie dichas reglas de manera positiva: *"Lavarse las manos para comer" "Arreglar el cuarto antes de ver televisión"*. Lo erróneo sería enunciar lo siguiente: *"Para salir a jugar hay que terminar la tarea primero"*. Lo correcto: *"Terminar la tarea antes de salir a jugar"*

* No utilice JAMAS castigos brutales, vulgares o humillantes.

* Ayúdele Al niño a descubrir y desarrollar sus talentos para que realice actividades que lo hagan sentir bien.

* Recuerde que el niño y el adolescente buscan la forma de sentirse diferentes de los demás.

* Ofrézcale amor, cariño, respeto y límites.

* Busque literatura que le ayude a conocer más

sobre el desarrollo de los niños en sus diferentes etapas de desarrollo. Si usted entiende por lo que sus hijos están pasando, es mucho más probable que esa etapa sea abrazada con entusiasmo y no con temor.

* Nunca sienta temor de acudir a consejería con profesionales o consejeros cristianos. Ellos están allí para servirle y ayudarle. Recuerde que nosotros los padres no todo lo sabemos.

* Participe en grupos de padres. Es importantísimo sentirse apoyado por otros padres de familia que también están atravesando por las mismas etapas que nosotros. La comunicación con otros padres le ayudarán a encontrar soluciones y a la toma de decisiones.

Capítulo 5

La Instrucción

Paideia

"Paideia. La Primera Etapa: La Instrucción"

Paideia es toda una técnica de entrenamiento y tiene las siguientes etapas: enseñar, corregir y castigar. Por lo tanto es necesario comprender la diferencia entre la *instrucción, corrección y el castigo.*

Tengamos muy en claro que estos no son sinónimos, sino una serie de etapas en el entrenamiento del niño. Los tres ingredientes conforman PAIDEIA.

Vamos a analizar cada una de estas etapas a la luz de la Palabra de Dios, con el fin de encontrar una respuesta apropiada ante varias situaciones que se nos presentarán. Primeramente veremos la instrucción.

1 Etapa: La Instrucción

La Biblia enseña que la Instrucción de los hijos es:

una decisión que todo padre debe tomar y es una gran bendición. Proverbios 10:1a, 23:24-25, 29:17, 31:28.

Instrucción es el proceso del cual nos habla 2 Timoteo 3:16. La instrucción conlleva enseñanza pero no es sólo enseñar algo, sino educar para que ese algo trascienda.

Muchos enseñamos el camino correcto a nuestros hijos pero no les educamos e instruimos en cómo mantenerse en ese camino. A un niño que sólo se le ha enseñado el camino de Dios, pero no se le ha educado en cómo mantenerse, más adelante cabe el riesgo de que escuche otras enseñanzas y se salga del camino.

"Instruye (khonak: entrenar) al niño en su camino, Y aun cuando fuere viejo no se apartará de él." Proverbios 22:6

La instrucción implica desarrollar el vigor físico y la inteligencia, dirigiendo la voluntad.

"Toda escritura ha sido dada por inspiración de Dios y provechosa para enseñanza (didaskalia), reproche, corrección (epanorthosis) e instrucción (paideia), en toda justicia, para que el hombre sea equipado en toda buena obra" 2 Timoteo 3:16 (traducción del Nuevo testamento Interlineal griego-español)

La Instrucción

La primera etapa de la disciplina es la instrucción. Es cuando se le enseña a un niño a través de un entrenamiento. Durante esta etapa se le muestra al niño el camino por el cual debe andar y la conducta a seguir. Esta es la etapa en la que se le instruye entre lo bueno y lo malo; entre lo que debe y no debe hacer. Didaskalia (en el griego koiné) es la doctrina e instrucción; es la enseñanza de principios y preceptos fundamentales. En este período de la instrucción, el padre controla, inspecciona y examina al hijo y además, le enseña poco a poco. Conforme este niño crece, disminuye el control y aumenta la enseñanza. Esta etapa va más o menos entre los 0 a los 13 años de edad.

Aunque puede ser parte del desarrollo normal morder de vez en cuando, el morder persistentemente es una señal de que el niño tiene problemas emocionales o del comportamiento. El niño que muerde tiene deseos de poder y de llamar la atención. A veces este comportamiento se da cuando el niño ha estado sujeto a violencia física. En casos de un niño que muerde y pelea hay que decirle de inmediato "no", en un tono calmado pero firme y con desaprobación. Si el niño está en edad de caminar (de 1-2 años), cárguelo firmemente o póngalo abajo. Al niño pequeño (de 2-3 años) dígale, "no es correcto morder porque le hace daño a las personas". JAMAS muerda al niño para mostrarle cómo se siente cuando lo muerden. Esto le enseña un comportamiento agresivo al niño. No cargue o juegue con el niño por espacio de cinco minutos después que el/ella haya mordido. Tenga mucho cuidado con lo que el niño está mirando en la televisión y los juegos de video que observa, ya que se ha demostrado que aquellos niños que miran este tipo de cosas son más agresivos. Los niños imitan todo lo que ven. Si ven violencia en su casa o la televisión, la imitarán. Los padres deben ponerse de acuerdo para NO permitir esta conducta y estorbarle al niño para impedirle herir a otros. El uso del "rincón" y quitar privilegios es necesario para no reforzar la conducta agresiva. (*lo veremos más adelante*)

NUNCA permita que su hijo le pegue o le muerda, ni siquiera jugando. Lo que empieza como un juego puede terminar con un problema de conducta severo.

Si el niño no quiere detenerse de pegar y morder hay que buscar la raíz del problema. ¿Por que actúa así? Es necesario analizar el entorno e investigar si algo le está afectando. Ambos padres tienen que reprobar esta conducta haciéndoselo saber al hijo.

Aquí, se delimitan las leyes, órdenes y directrices planteadas por los padres. Es necesario forzar al niño a obedecer. Cuando decimos forzar nos referimos a empujar la acción, exigiendo del niño la mejor respuesta y haciéndole generar compromisos.

Aspectos como la limpieza personal, hábitos de salud y de comida, el sueño y el estudio son condiciones por las cuales hay que empezar. Un niño que no tiene control de lo que come, ni cuanto duerme, ni tiene orden ni disciplina en el estudio, fracasará en todo lo demás.

Esta etapa es muy significativa porque los patrones de conducta se van moldeando. Proverbios 29:15 habla de esto. El conflicto y los roces van a existir, pero el padre debe seguir adelante sin desmayar. No se deje amedrentar por las fricciones entre padres e hijos. Sea fuerte y consistente. Dará resultados.

Segundo Paso en la Instrucción

Luego está la etapa de enseñanza, que comprende entre los 13 a los 19 años. Es una etapa muy importante, porque una enseñanza sana, verdadera y correcta es la que va a influenciar de manera positiva o negativa al muchacho. Sus patrones culturales y valores morales se acrecientan o disminuyen en esta etapa.

El dominio propio, o el auto control se forman y reafirman en este período. Pero para ello se ha venido trabajando desde años anteriores.

En esta etapa es cuando el muchacho escoge sujetarse y someterse voluntariamente. Eso es lo que se espera. Esa es la sujeción que Dios demanda de nuestros hijos. Una sujeción voluntaria. Si los padres tienen que sujetar a los hijos a la fuerza, es porque aun hay áreas en las cuales hay que trabajar en ambas partes.

El padre no debe convertirse en un amo o un dictador. Eso generaría una sujeción basada en el temor y las amenazas. Por frustración, nosotros como padres tendemos a hacer eso. Pero no debe ser así.

"El principio de la sabiduría es el temor de Jehová. Los insensatos desprecian la sabiduría y la **enseñanza. (mawzar)** Oye hijo mío, la instrucción de tu padre, Y no desprecies la dirección (torah: refiriéndose a la enseñanza de las Escrituras) de tu madre;" Proverbios 1:7-8

"Oíd hijos **la enseñanza** (mawzar) de un padre, Y estad atentos para que conozcáis cordura. Porque os doy una buena enseñanza (doctrina, aprendizaje). No desampares mi ley, porque yo también fui hijo de mi padre y él me **enseñaba** (dirigía, mostraba, informaba) y me decía: retenga tu corazón mis razones. Guarda mis mandamientos y vivirás..." Proverbios 4:1-6

Un padre instruye a su hijo a través del ejemplo y no sólo por medio de sus palabras. Por ejemplo, si queremos enseñar a nuestros hijos que el fumar es nocivo para la salud, pero nosotros mismos lo hacemos, esa contradicción tarde o temprano llevará al niño a una conducta similar.

Si le queremos instruir con respecto a la mentira y en nuestras propias vidas el niño experimenta que una y otra vez sus padres le mienten o se mienten entre ellos, esto reafirmará su conducta de mentir. No se puede enseñar una conducta positiva basados en la mentira, la confusión o el castigo. ¡Debemos vivir lo que enseñamos, para poder enseñar lo que vivimos!

Cómo instruir correctamente

La instrucción se logra inculcando e introduciendo principios. Esto quiere decir la acción de aplicar e imponer sobre la mente un concepto por medio de la repetición y la amonestación. Es el persistir en la enseñanza de ese concepto hasta que esté grabado en la mente.

I. Poniendo las reglas, normas y criterios

Estas reglas no son sólo leyes arbitrarias, sino normas usadas como pautas, principios o maneras de conceptuar, tener un criterio, una medida. Una regla se da basada en un principio moral, social o de salud. Por ejemplo: "En esta casa no se fuma" esta sería la regla. "El fumar es dañino para la salud" es el principio o el por qué de la regla. Sin normas o reglas no hay trasgresión o violación de reglas y entonces no es justo disciplinar o castigar al niño. Por eso hay que hacer una lista de reglas que el niño deba obedecer. Romanos 4:15b, 5:13b

Las Reglas:

Una regla es cualquier requerimiento que se le demanda a un niño. Es posible sancionar reglas sin dejar de promover una actitud positiva o sin dejar de reforzar un comportamiento adecuado. Cuando enuncie reglas, hágalo de una manera clara, concisa y denote las consecuencias de no cumplir la regla. Ejemplo: Si dejas tu cuarto desordenado antes de salir para la escuela, tendrás que arreglarlo cuando regreses.

Otros Ejemplos:

1. Si tiras la comida, tomarás el paño para limpiar.
2. Si escribes en la pared, deberás limpiarla.
3. Si olvidas cerrar la puerta, tendrás que regresar y cerrarla.
4. Si no sacas la basura antes de acostarte, tendrás que levantarte y sacarla.
5. Si dejan los juguetes en la sala, deberán regresarlos a su cuarto.
6. Si rompen los forros de sus libros, deberán forrarlos nuevamente.
7. Si discuten mientras ven un programa de TV, deberán volver a su cuarto.
8. Si ensucias la ropa de la próxima semana, deberás lavarla.

Usted tiene que ser concreto cuando detalle una tarea: porque de esto depende obtener un buen resultado por parte del niño. Si no le explicamos bien lo que queremos que haga, le damos la oportunidad de hacerlo como el quiera y como quiera. Es mejor tomar un poco más de tiempo para comunicarle bien a nuestros hijos lo que deseamos.

Ejemplos Erróneos

1. Limpia tu habitación todos los sábados.
2. Debes hacer las tareas sin falta. Deben ser buenos niños para poder ver TV.
3. Para poder ver la T.V. deben comportarse como buenos hermanos.

Ejemplos Correctos

1. Limpia tu cuarto el sábado antes de salir a jugar.
2. Si eres puntual en hacer tus tareas, te permitiré hablar por teléfono 10 minutos.
3. Cuando todos estén tranquilos papá pondrá el programa que tanto les gusta.
4. Tienen que sentarse tranquilos, callados, sin discutir ni golpearse, para poder ver la TV.

Hay que ser preciso en cómo hacer las cosas y cuándo hacerlas. Eso elimina la confusión y los malos entendidos. También tenga una lista de verificación de tareas o conductas.

Ejemplo de lista de verificación sobre el aseo del cuarto:

- Poner sábanas limpias sobre la cama
- Poner fundas limpias a las almohadas
- Poner la ropa sucia dentro del cesto

- Poner la ropa limpia dentro de las gavetas
- Barrer el piso de la habitación
- Limpiar el estante
- Guardar los utensilios de limpieza

Los recordatorios o las notas se pueden eliminar poco a poco cuando ya se han formado los hábitos apropiados.

Ignorar las protestas por las reglas

No permita discusiones sobre las reglas dadas. No le de opción al niño de opinar sobre tales reglas. Las reglas son reglas y hay que cumplirlas. No haga excepciones.

Es casi seguro que cuando se comienza a poner en ejecución una regla comenzarán las protestas. Espérelas, pero piense que desaparecerán si no las refuerza "prestándoles atención", "dándose por vencido", o "poniéndose a discutir la regla". Las reglas son definidas por ambos padres y es lo primero que un matrimonio debe hacer para poner su casa en orden.

II. Reforzando los principios a través de conductas reales en los padres

Los padres deben practicar lo que están tratando de enseñar. Decirle a un niño, fumar es malo, pero yo fumo porque soy adulto y soy tu padre y por eso lo hago, es incongruente. Tarde o temprano el niño lo hará. Lo mismo que decirle a un muchacho que no tomar licor es malo o decir mentiras, pero nosotros lo hacemos.

Los padres deben creer firmemente en los principios que enseñan. Pero no sólo creer, sino practicar tal principio. En una casa donde los padres trabajan y se esfuerzan por darle lo mejor a los hijos, los hijos tenderán a repetir la misma acción, honrando a sus padres más adelante y ayudándoles.

Si los padres son amorosos y comprensivos entre ellos, los hijos aprenderán tales conductas y respetarán a los demás de la manera que están acostumbrados a hacerlo en casa. Pero si los padres sólo dan órdenes y actúan de manera déspota, tales órdenes no tienen consistencia ni significado.

Recordemos que los principios se aprenden de acuerdo al significado que se les de. Si no es una realidad en el ambiente familiar, fomentará la falta de importancia y por ende se convertirá en algo no digno de ser practicado.

III. Sometiendo y dirigiendo la voluntad de nuestros hijos

Hay que subyugar la voluntad del niño para que obedezca. Dar información al entendimiento (enseñar) es un trabajo que lleva tiempo y con niños hay que proceder despacio para que lo asimilen. Sin embargo, la sujeción de la voluntad es algo que se debe hacer de una vez y lo más temprano en su vida posible.

Si un padre es negligente en aplicar disciplina, causará obstinación y terquedad en los hijos. Nunca permita un hábito, una costumbre o una práctica en su niño pequeño que luego no está permitido socialmente cuando sea grande. El niño se acostumbra a hacerlo y entonces cuando crece, sus padres le disciplinan, siendo ellos quienes le han dejado tener este hábito.

Ejemplo

Un ejemplo de este problema sería cuando el niño llora para obtener las cosas que desea y entonces le complacemos, pero a la edad de 10 a 11 años ya nos enojamos con ellos y no les permitimos hacerlo.

Otro ejemplo sería cuando el niño pequeño le pega a sus padres en ira y le dejamos pegarnos, pero después, cuando es grande y vamos a tratar de eliminar esa conducta, no lo logramos y por el contrario somos puestos en vergüenza.

Cuando la voluntad del niño es totalmente sujeta y es llevada a reverenciar a sus padres, entonces muchas de las sandeces e inadvertencias pueden ser pasadas por alto. Algunas faltas deben ser pasadas por alto, otras no tomadas en cuenta y otras reprendidas ligeramente; pero toda trasgresión voluntaria debe ser sancionada; no debe quedar sin castigo, sea mucho o poco, de acuerdo a la naturaleza y circunstancia que el caso requiera. Ninguna acción pecaminosa como mentir, desobedecer, robar, pelear, etc. debe dejarse sin sancionar.

El Pastor de ovejas

Dios compara su relación con el hombre como la relación entre el pastor y sus ovejas. El pastor pasa mucho tiempo con sus ovejas desde que nacen. El las cuida y protege.

Utiliza su vara para prevenirles del peligro y va en busca de ellas. Se dice que en la antigüedad, cuando la oveja pequeña insistía en alejarse de la manada, poniéndose en peligro, el pastor optaba por quebrantarle una de sus patitas para impedirle una tragedia mayor. La cargaba en sus hombros y la cuidaba hasta que su patita se fortaleciera de nuevo. Las patitas de la oveja representan la voluntad del hombre. Por eso los padres debemos quebrar la voluntad de los hijos, someterla y dirigirla, para que no se descarríen. Esto NO se hace pegando, gritando o maltratando al niño. El propósito de dominar la voluntad de los hijos es hacer que ellos sean gobernados por la razón y piedad de sus padres hasta que lleguen a tener su propio entendimiento, en la etapa de la madurez. Lo que estorba, impide y canaliza la energía y voluntad propia del niño promociona en el futuro del niño felicidad y piedad.

Tenemos que aprender a "estorbar" las malas acciones de nuestros hijos. Nuestro ejemplo es Jesús cuando le dijo a su padre: "Hágase TU voluntad y no la mía". Por eso como cristianos muchas veces no nos sometemos a la perfecta voluntad de Dios, porque nadie nos enseñó a someter nuestra voluntad propia. El muchacho que no aprende a someter su voluntad a otra persona, recibirá más adelante muchas consecuencias y castigos.

El sometimiento de la voluntad entrena al niño hacia el dominio propio. Cuando una persona se deja guiar por alguien más, de manera positiva, más adelante aprenderá a dominar sus emociones y reacciones . El dominio propio es un aspecto importantísimo que el muchacho debe adquirir desde muy temprana edad.

Cómo dirigir la voluntad del Niño

1. -sin gritos ni golpes. No se trata de manipular su vidas ni controlarles, sino impartir, motivar, guiar y someter las actitudes negativas. Gane la confianza de su hijo. El castigo físico NO enseña conductas, solo las elimina temporalmente.
2. -manteniendo la orden dada. Ser consistentes cuando se da una prohibición. Cuando el padre dice que no a algo, o dice que se hará algo, debe ser así. No cambiarlo a medio camino.
3. -sin amenazas. Más bien utilicemos incentivos y premios. Dios hace lo mismo: "si haces esto, tendrás aquello". Lo importante es ir sustituyendo los premios

tangibles por alabanzas y motivaciones internas correctas. Que lo que motive a un niño a hacer lo bueno sea el querer agradar a Dios y a sus padres, no por temor a un castigo o por ganarse algo a cambio.

4. Nunca le pague dinero a su hijo por hacer cosas en la casa, ni por estudiar. La motivación no debe ser el dinero sino el querer llegar a ser alguien de bien en la vida.

Capítulo 6

La Corrección

La Corrección

La Segunda Etapa: Corrección

(Epanortosis)

> *El Término corrección implica: poner de nuevo en pie, restablecer, restaurar, rectificar, mejorar, enmendar y reparar. Es mejorar el carácter y el comportamiento.*

Cuando a un niño se le ha dado instrucción y pareciera que la está pasando por alto para hacer lo que él quiere, entonces necesita corrección. La manera que se le corrige es ayudándole a reparar y enmendar su error, poniéndolo de pie y restableciéndolo a su estado original.

La corrección es una exhortación que conlleva al arrepentimiento (cambio de conducta) para que desista de la actitud indeseable, ofreciéndole una salida por la cual optar.

Es una técnica sumamente positiva y requiere de la atención completa de parte del padre de familia, debido a que tiene que estar dispuesto a poner a su hijo en el camino correcto, a restaurarle y reparar el error, enseñándole la conducta correcta. Una vez que se le "recuerda" el comportamiento sano y esperado, es necesario premiar dicho comportamiento. Además, cuando estamos entrenando al niño en un nuevo principio, debemos plantearle los beneficios y también las consecuencias que puede obtener de no obedecer tal principio.

> "Si de veras obedeces al Señor y pones en prácticas todos sus mandamientos, que yo te ordeno hoy, entonces...." Deuteronomio 28

Dios actúa de la misma manera con nosotros. Vez tras vez en la Palabra de Dios leemos:

"**Si** me llamas, yo te responderé" Isaías 58:9

"**Si** haces esto, encontrarás tu alegría en mí, y yo te llevaré en triunfo" Isaías 58:14

"**Si** haces eso, tendrás la vida." Lucas 6:28

Antes de cada promesa, Dios nos da un mandato, y si cumplimos con el mandato El nos recompensa cumpliendo sus promesas. Cada vez que hacemos algo para el servicio del Señor, tenemos nuestra recompensa.

"El Señor me ha dado **la recompensa** que merecía mi limpia conducta" 2 Samuel 22:21

"Pero ustedes sean valientes porque sus trabajos tendrán **una recompensa**" 2 Crónicas 15:7

"**La recompensa** del justo es la vida" Proverbios 10:16

"Entonces el Señor **recompensará** a cada uno conforme a lo que haya hecho" Mateo 16:27

Obstaculizar ciertas acciones en el niño es importante

Muchas veces, la corrección también consiste en estorbarle al niño en ciertas actividades para que no las haga. Significa ayudarle a no caer en tentación. De la misma manera que el Padre Celestial nos insta que le pidamos en oración: *"No nos dejes caer en tentación más líbranos del mal"* Este es un ejemplo excelente de cómo Dios nos estorba las tentaciones, nos bloquea para que no caigamos en ellas.

En esta etapa de la corrección, es cuando el padre le muestra o señala al niño la conducta equivocada y a su vez le enseña la manera de cambiar esa conducta. Es cuando al niño se le ha dado instrucción, pero se le amonesta o recuerda el mandato o regla porque pareciera que lo ha pasado por alto, o que lo ha olvidado. Por ejemplo, si a un niño se le ha enseñado que golpear a otros no está bien, y entonces el niño actúa de una forma agresiva golpeando a otros de todas maneras. El padre entonces, lo toma aparte y le exhorta, recordándole la instrucción primera. Antes de que el niño vuelva a repetir la conducta indeseable, el padre debe "corregirlo", "modificando esa conducta", con el fin de estorbarle para que no la haga.

La corrección se hace con amor. Corrección NO es sinónimo de castigo. La palabra nos enseña que: "Con misericordia y verdad se corrige el pecado; con el temor de Dios los hombres se apartan del mal" Proverbios 16:6

De la misma manera que Dios nos habla y nos exhorta para que nos apartemos de un camino equivocado: "Dios les hace ver el mal que cometieron y habla para corregirlos y pedirles que dejen su maldad. Si le hacen caso y se someten, gozarán de dicha y felicidad por el resto de sus días " Job 36:9'11

Tenemos que hacerle ver a nuestros hijos en qué fallaron y qué hicieron mal. Se les muestra la actitud y comportamiento correctos que se espera de ellos la próxima vez y se les recuerda los beneficios de obedecer.

El Padre de familia debe ser apto para enseñar

"Y un siervo del Señor debe ser apto para enseñar; debe tener paciencia y corregir con corazón humilde a los rebeldes, esperando que Dios haga que se vuelvan a él y conozcan la verdad..." 2 Tim. 2:24-26

Todo padre de familia está apto para enseñar. Debe tener paciencia y corregir con corazón humilde a sus hijos, sabiendo que Dios es quien les va a convencer de su pecado para que se vuelvan a El, "...a fin de que se despierten y escapen de la trampa en que el diablo los tiene presos para hacer de ellos lo que quiera" 2 Tim. 2:26

2 Timoteo 3:16 nos dice: "Toda Escritura está inspirada por Dios y es útil para enseñar y reprender, para corregir y educar en una vida de rectitud"

Corregir es más difícil que Castigar

Volviendo al ejemplo del muchacho que golpea a otros, si de todas maneras, el muchacho insiste en golpear a otros sin razón, entonces entra en vigor el castigo por parte del padre, sin detenerse a corregir la conducta. Lo que sucede es que "corregir" es mucho **más difícil** que "castigar".

Es mucho más fácil suprimir la conducta no deseada, que esforzarse por encontrar la raíz de la misma y modificarla. Si el niño no obedece a pesar de habérsele enseñado, advertido y exhortado y decide tomar su propio camino, entonces es cuando se aplica el castigo. Pero el castigo debe ser la última opción en el entrenamiento de un niño y no la herramienta usada para enseñar una conducta.

Hay que corregir una conducta altamente inaceptable en el momento, pues quien no corrige a su hijo en realidad no lo ama. (Proverbios 13:24) *Ver el Capítulo del castigo Efectivo.*

Cómo cambiar una conducta indeseable

Para modificar una conducta indeseable se deben tomar en cuenta varios aspectos.

Todo comportamiento puede ser modificado por factores o estímulos externos. Es decir, que la vida de un niño puede ser influenciada por lo que le rodea y cambiar su manera de actuar.

Todo comportamiento o conducta <u>puede cambiar</u> de manera negativa, si se usan factores o agentes equivocados que los mismos padres están usando inconscientemente.

Se puede <u>reforzar</u> una conducta tanto negativa como positiva en el niño. Por eso es importante que los padres presten atención al tipo de reforzamiento o estímulo que están usando, para no alentar los comportamientos indebidos.

La Modificación del Comportamiento

Existen dos estímulos externos diferentes que modifican o cambian una conducta: el premio o reforzamiento positivo y el reforzamiento negativo, según Skinner (psicólogo analista del comportamiento humano).

En otras palabras, un reforzamiento o premio puede ser positivo o negativo.

Puede ser positivo cuando la conducta deseada es reforzada y fortalecida, a través de premios.

El reforzamiento se considera negativo cuando el individuo se aleja de un estímulo no deseado o actúa para detener algo desfavorable para el.

Por otro lado, un estimulo adverso es aquel que refuerza positivamente la conducta que se desea eliminar.

Estímulos tales como: abrazos, besos, regalos, palabras bonitas, contar historias, dar un dulce, etc. Son ejemplos de reforzamientos. Pero hay que tener cuidado de usarlos correctamente para no alentar las conductas inadecuadas.

"La humildad y la reverencia al Señor traen como premio riquezas, honores y vida."Proverbios 22:4

"El justo recibirá el premio a su justicia; y el malvado, el castigo a su maldad." Ezequiel 18:20

"hazlo en secreto. Y tu Padre, que ve lo que haces en secreto, te dará tu premio." Mateo 6:4

"Los que se preparan para competir en un deporte, evitan todo lo que pueda hacerles daño. Y esto lo hacen por alcanzar como premio una corona que en seguida se marchita; en cambio, nosotros luchamos por recibir un premio que no se marchita." 1 Corintios 9:25

"Mantente fiel hasta la muerte, y yo te daré la vida como premio." Apocalipsis 2:10

Apocalipsis 22:12 "Sí, vengo pronto, y traigo el premio que voy a dar a cada uno conforme a lo que haya hecho.

Pobreza y vergüenza tendrá el que menosprecia el consejo, pero el que acepta la corrección recibirá honra" Proverbios 13:18

Capítulo 7

El Reforzamiento

El Reforzamiento

Un refuerzo es el estímulo (negativo o positivo) que incrementa las posibilidades de que una conducta (positiva o negativa) vuelva a ocurrir.

Es decir, si aplicamos un estímulo, inducción o apremio inmediatamente después que el niño realiza una conducta determinada, y entonces esta se repite constantemente, este estímulo es un reforzamiento.

El Reforzamiento Positivo

Aquellas interacciones con resultados positivos constituyen reforzamientos y fortalecen, por lo tanto, la conducta de las personas. Siempre y cuando dichos resultados sean positivos.

Por ejemplo si cada vez que su hijo recoge sus cosas del cuarto y lo deja arreglado antes de irse a la escuela, usted le da una sonrisa, un abrazo y un "muchas gracias, muy bien!" y el niño repite dicha conducta al día siguiente, entonces los premios sociales (sonrisas, alabanzas, abrazos) están dando resultado. Por lo tanto es un reforzamiento positivo. **Estamos reforzando una conducta positiva para que vuelva a repetirse.**

Este método enseña a una persona a actuar de cierta manera recompensando a la persona por el comportamiento correcto. La teoría es que si alguien obtiene una recompensa para una acción, entonces esa persona tiene más probabilidades de hacer esa acción otra vez.

Las alabanzas, el dinero, el placer son premios. Es decir refuerzan o motivan conductas. Cuando aplicamos premios para que una conducta se repita en el futuro, a esto se le conoce como reforzamiento positivo.

Un padre puede hacer uso de refuerzos positivos para motivar un comportamiento en sus hijos. Por ejemplo, el alabarles cada vez que sacan una buena calificación en la escuela propiciará que el niño estudie más y vuelva a sacar buenas calificaciones con tal de recibir alabanzas de nuevo. Es más probable que el niño responda positivamente cuando se le refuerza o premia por sus actitudes y conductas correctas, pero evitando que el niño dependa de los premios para hacer lo correcto. *"El que sabe hacer lo bueno y no lo hace le es pecado"* Santiago 4:17

De la misma manera Dios nos premia cuando obedecemos sus preceptos y mandatos. Cuando nos da promesas para alentarnos a cumplir sus mandamientos.

Para estimular el comportamiento positivo, descubra el comportamiento exacto que beneficiaría al niño y a las personas alrededor del él. Comience con las habilidades más fáciles y paulatinamente promueva tareas más complejas. Recuerde: *el premio se usa mientras enseñamos una conducta, una vez aprendida, se elimina.*

Decida lo que el niño concibe como recompensas, y no lo que usted cree que pudiera ser una recompensa. La preferencia de una persona no es la misma que la de otra.

Determinando Recompensas para El reforzamiento Positivo

Pídale al niño que le escriba una lista de lo que sería un premio para él. En caso que el niño no escriba aun, pregúntele y haga usted la lista. Si el niño aun no se expresa con palabras claras, presente diferentes opciones y permítale escoger las que son de su agrado y determínelas como premios.

Revise las opciones de vez en cuando para asegurarse que son las correctas. Pasadas varias semanas vuelva a analizar la lista para darse cuenta si estas opciones aun están vigentes.

Observe al niño o al muchacho e identifique las actividades u objetos favoritos.

Use el elogio, la alabanza, la gratificación correctamente. Use palabras de ánimo, apreciación y cariño. También expresiones tangibles como abrazos, palmaditas y sonrisas. Pero tenga cuidado de no usar esto para que la persona se sienta forzada o sobornada para hacer una tarea.

Disminuya los premios poco a poco. Al principio se usan los premios inmediatamente y frecuentemente cuando la persona muestra la conducta correcta. Posteriormente la frecuencia disminuye hasta desaparecer una vez que el comportamiento ha sido aprendido. Ya se ha demostrado que entre más premios usted le ofrezca a una persona, menos interés demostrará en hacer la tarea por él mismo. Por lo tanto use el premio adecuadamente y poco a poco, hasta eliminarlo.

Mantenga el interés del niño en las recompensas. Es decir, que los premios sean de su agrado e interés. Usted puede usar una cartilla con estrellas, o puntos que pueden ser canjeados, substituidos o cambiados por recompensas más grandes. Por ejemplo 5 estrellas equivalen a una hamburguesa o a una llamada telefónica a un amigo. Si el niño no está entusiasmado a la hora de realizar una tarea, trate que el ambiente se vuelva más atractivo y ameno. Yo practiqué esto con mis hijos y vi cambios valiosos.

¡Sea positivo! Muestre su confianza en las habilidades del niño. Esto genera que el niño sienta reconocimiento de parte suya como padre y le levantará su autoestima. Considere que usted mismo sea un premio para su hijo. Para nuestros hijos la mayor satisfacción y premio es que nosotros como padres estemos con ellos y pasemos tiempo de calidad. Muchas veces el solo hecho de estar con ellos y darles atención refuerzan conductas positivas en ellos. También cuando no estamos con ellos el tiempo requerido y no les damos prioridad con respecto a otras personas, se sienten rechazados y castigados. No permita que esto le suceda a usted.

El Reforzamiento usado incorrectamente

Un niño puede estar comportándose de cierta forma para provocar en sus padres cierto resultado. Al ver que da ciertos logros, es muy posible que el niño repita esta conducta en el futuro. Pero cuidado, puede estar manipulándole a usted para lograr lo que él desea.

Por ejemplo si un niño llora cada vez que quiere algo pero no lo puede obtener (*sentimiento de frustración en el niño*) y su madre inmediatamente le da lo que desea (refuerzo inadecuado) provocará una conducta inmediata: que el niño se calme, pero propiciará la misma conducta negativa en el niño en el futuro. El niño llorará cada vez que desee algo. Le está reforzando la conducta del llorar. La acción de darle las cosas cada vez que llore, se vuelve un refuerzo mal empleado.

Cualquier conducta que reduzca un sentimiento no placentero (por ejemplo llorar para quitar la frustración) es reforzada una y otra vez cuando ese sentimiento desaparece. Otro ejemplo es cuando la tristeza es aliviada por medio del beber, fumar, etc. Los vicios y hábitos son reforzamientos, porque instan a continuar con la adicción porque trae un alivio temporal a la ansiedad o al miedo.

Otro ejemplo es cuando utilizamos la violencia para que nuestros hijos dejen de molestar. Es cierto que la conducta está siendo eliminada (momentáneamente) pero se repetirá en el futuro.

Aquí la violencia del padre está siendo reforzada por la ausencia temporal pero no eliminación de la conducta de su hijo. Si un niño que llora mucho, se calla después de que la madre lo regaña gritándole, el uso del grito está siendo reforzado.

La madre aprendió que si grita, el niño se callará. Ambos se refuerzan conductas negativas: la madre refuerza al niño a callarse sólo si le gritan, y el niño refuerza a la madre a utilizar el grito como medio de eliminación temporal de una conducta.

El peligro con esto es que para el niño, el padre se convierte en una consecuencia negativa. Cuando el dolor es aplicado inmediatamente, la conexión entre el acto y la consecuencia se establece.

Una manera muy sutil de reforzamiento mal empleado, es cuando sin querer el padre utiliza cosas "buenas" que en lugar de estar reprimiendo una conducta inadecuada en los niños, la fortalece. Por ejemplo. Si un niño es premiado por sus padres cada vez que llora con tal de que se calle, entonces el premio se vuelve un refuerzo ineficaz.

Un método que suelen utilizar ciertos padres para suprimir conductas negativas, es el amenazar a sus hijos o asustarles con términos tales como: "te irás al infierno" "Dios te castigará", etc. Es mejor usar el reforzamiento positivo tal y como Dios lo usa. *"Si guardas mis manda-*

mientos, obtendrás vida eterna" "Al que cree todo le es posible" "Obedece a tus padres y tendrás larga vida".

Si aprendemos a cambiar nuestras confesiones y prácticas, podremos convertirnos en mejores padres. Por ejemplo, si su hijo en lugar de hacer la tarea llega directo a ver la televisión, corríjale de esta manera: *"Sé que ahora te mueres por ver ese show de la TV, pero podemos grabarlo y después que hagas la tarea lo miraremos".*

Nunca responda a pedidos planteados incorrectamente sino que siempre premie sólo las conductas correctas. Por ejemplo, si usted está fomentando en su hijo el hábito de la limpieza de su cuarto y el niño no quiere hacerlo y entonces usted termina por ordenar y acomodar el cuarto usted, lo que está reforzando es que el niño *no quiera realizar la tarea* porque de por sí usted lo hará.

Por ejemplo usted está enseñando la buena costumbre de decir "por favor y gracias" y usted repasa varias veces cómo hacerlo (instrucción) y le muestra al niño la forma correcta de pedir las cosas (corrección). Pero llegada la hora, el niño le pide algo sin decir "por favor" y usted olvida la instrucción que le venía dando y le facilita lo que pide, entonces reforzará en él lo contrario. No le de nada hasta que diga "por favor y gracias."

> *Nunca entregue un premio antes de terminada la conducta a realizar, de lo contrario el muchacho no realizará la tarea y le manipulará para obtener sólo el beneficio.*

Usted puede estar reforzando las conductas de

"NO DECIR GRACIAS, NO ORDENAR EL CUARTO, NO HACER LA TAREA" si no demuestra consistencia en lo que está enseñando. Cada vez que su hijo le complazca con una conducta, recuerde utilizar la alabanza y el reconocimiento, de manera desinteresada y verdadera. Usted está formando un hijo obediente. Pero si cada vez que su hijo hace algo bueno, usted lo ignora y no le demuestra reconocimiento, lo que formará será hijos frustrados y malagradecidos, porque aprenderán a no responder con gratitud ante los favores de otros.

Ejemplos prácticos

También por el contrario, si cada vez que su hijo se acerca a interrumpirle (*cuando usted está en medio de una reunión con los amigos, etc*) usted le da atención y le da respuestas positivas, estará reforzando la conducta de interrumpir, en lugar de enseñarle el principio del respeto. Usted tiene que discernir cómo funciona aquí el reforzamiento de dos vías. Usted le refuerza al muchacho la conducta de interrumpir, y el muchacho le refuerza a usted el hecho de darle la atención porque aparentemente le obedece y se va a hacer lo que usted le dice una vez que ya le ha interrumpido. Lo correcto es dejar de reforzar la conducta de interrumpir.

No le preste atención inmediata. Por el contrario, busque el momento oportuno para corregirle, mostrándole que lo que hizo estuvo mal y enseñándole la conducta correcta. *"Si me ves con mis amigos o conversando con otros, por favor espera a que haya terminado y no me interrumpas. Espera a que yo me dirija a ti aunque debas esperar."*

Si después de darle esta corrección al niño, el insiste en interrumpir de todas maneras, entonces hágale saber las consecuencias que tendrá esa acción. Es entonces donde se deberá de aplicar un estímulo que elimine esa conducta, por ejemplo sancione la conducta o elimine ciertos privilegios del niño como ver televisión, etc. La próxima vez que hayan venido visitas, y el niño no interrumpió, cerciórese que reciba un elogio y un premio. Así entenderá que le reconocen las buenas cosas que hace. No se vuelva indiferente.

De la misma manera cuando un niño utiliza el llanto para obtener cosas. No le preste atención para nada. Usted siga haciendo la tarea que está haciendo, aunque el pegue gritos y llore. No le de nada de lo que pide, hasta que halla dejado de llorar.

No razone con él, ni le siga repitiendo: "no te daré nada hasta que dejes de llorar" "si sigues llorando te voy a castigar". No diga nada. Cuando el niño se calme, espere unos momentos y dele lo que pidió. Entonces explíquele que la próxima vez que no llore, podría obtener lo que desea.

Si está en presencia de otras personas, simplemente retire al niño a otra habitación y siga lo que estaba haciendo.

Terminología Conductual
(sobre todo para educadores)

Mi intención no es confundirle ni brindarle mucha información de manera exhaustiva, sino brindarle conocimiento adecuado con respecto del tema. Por eso delimitaré ciertos términos, a manera de estudio nada más.

El Reforzamiento Negativo

Es el aumento en la probabilidad de una conducta, como consecuencia de la **omisión** de un estímulo. Note que un reforzamiento negativo no es sinónimo de un mal estimulo, sino más bien la ausencia del mismo.

A diferencia del refuerzo positivo, aquí se omite o retira un estímulo que antecede a la respuesta o conducta, y como consecuencia aumenta dicha conducta. Vamos a hacerlo más práctico para lograr entender estos conceptos.

Ejemplos de reforzamiento negativo

-Estudiar de manera responsable para pasar las asignaturas sin problemas y así eximirse de las pruebas de repetición. De manera clara se entiende que el refuerzo (estudiar responsablemente) exime de la prueba, y la diferencia con el refuerzo positivo, es que aquí se esta eliminando (eximir de la prueba) algo del entorno.

-Una persona al presentar fuerte dolores de cabeza, toma algún analgésico que haga desaparecer esa molestia. Acá, el estimulo (dolor de cabeza) que antecede a la conducta, es eliminado tomando un analgésico.

-Hay ocasiones en que los refuerzos negativos son una vía interesante para motivar a personas a realizar cosas que le resultan difíciles como: Aceptar un billete de dinero no hará que un joven se zambulla en agua helada, se pare sobre un par de patines, monte en motocicleta o se interne en una caverna, pero el ridículo ante sus amigos, lo que ellos pueden decirle a manera de insulto o evocando a la cobardía, puede ser lo suficientemente aversivo para que el sujeto desee eliminarlo y acepte el reto y termine realizando la conducta.

Muchas veces nuestros hijos aceptan retos similares (fumar, tomar) para eliminar la vergüenza y el ridículo. Sin querer están siendo reforzados negativamente.

El calificativo "positivo/negativo" que acompaña al término "reforzamiento" hace, por tanto, referencia al acontecimiento del reforzador (aparición/desaparición), no a su efecto sobre la conducta, que en uno y otro caso debe ser el aumento de su probabilidad.

Explicación de reforzamientos positivo – negativo

En el reforzamiento positivo existe la "aparición" o "presentación" de un acontecimiento que al estimular aumenta la probabilidad de presentación de la respuesta que lo antecede.

Un procedimiento de reforzamiento negativo consiste en la "desaparición" o "no presentación" de un estímulo a consecuencia de lo cual aumenta la probabilidad de emisión de la respuesta operante que le antecede. Tomar pastillas para desaparecer el dolor, tomar alcohol para desaparecer la tristeza, etc.

Consejos a la hora de corregir a su hijo (para modificar su comportamiento)

Mire a su hijo frente a frente y mantenga el contacto visual cuando le hable.

Corrija a su hijo, es decir, enséñele la manera correcta de hacer las cosas pero sin desanimarle.

Trate de no utilizar solamente negativas a la hora de comunicarse con sus hijos, a no ser que sea algo inminente. La palabra "no" o "está mal" pueden ser sustituidas por: "intentémoslo después" "de la otra manera está mejor" "si haces esto otro te irá mejor", etc.

Asegúrese de que su hijo entiende el error que cometió y dele otra oportunidad de escoger hacer lo correcto ante la misma situación.

Nunca corrija a su hijo enfrente de otros. De ser posible llámelo aparte y muéstrele su error sin avergonzarle. Pero no espere mucho tiempo después de realizada la conducta indeseada de parte del niño para realizar la corrección. No permita que nadie interfiera.

Siempre deje que su hijo termine y complete cada frase de lo que tenga que decirle. El puede negar su culpa, pero debe saber que es responsable de sus actos.

No señale a su hijo, sino su comportamiento. Lo incorrecto: *"Eres un niño desordenado"* lo correcto: *"Es de mal gusto dejar tus cosas tiradas por todo tu cuarto"*

Establezca los límites o reglas calmada y pausadamente. Ayúdele a su hijo a hablar positivamente y asocie el amor con la corrección. No permita que el enojo surja.

Cuando hablamos de corrección hablamos de modificación de una actitud no deseada. No estamos hablando de castigo. El castigo es la etapa última de la disciplina. NUNCA USE EL CASTIGO COMO UN MÉTODO DE ENSEÑANZA.

Consejos para mejorar la comunicación y la conducta en sus hijos

- Sea firme y constante. Déjele saber a su hijo lo que usted espera de él.
- Póngale a sus hijos tareas sencillas. Esto le ayuda a tener auto-disciplina y sentido de responsabilidad, pero recuerde que quizás necesite de recordatorios pequeños para que los haga.
- Si tiene que repetir una regla o comando, hágalo pausadamente, como si fuera la primera vez. Es mejor hacer una lista corta de deberes, porque si es muy larga la lista

puede causarles confusión y frustración al no poder ejecutarla. Utilice dibujos y sea creativo.

• No grite. Es mejor que camine hasta donde se encuentra su hijo y le diga lo que debe hacer. También háblele pausadamente. No le critique ni se irrite cuando le va a explicar algo.

Practique la disciplina hasta que la voluntad del niño sea debilitada y quebrada. Con esto queremos decir que el niño aprenda a darse cuenta que el no debe hacer lo que le plazca, sino lo que debe.

> Amar a un hijo no es darle lo que quiere cuando lo quiere, sino darle lo que le conviene en el momento apropiado. Adelantar la recompensa para asegurar una conducta, no funciona

Una manera efectiva de parar una conducta indeseada, es enseñar otra conducta totalmente opuesta o incompatible con la anterior. Por ejemplo: es imposible hacer burbujitas y detener la respiración al mismo tiempo. Si usted no quiere que el niño haga burbujitas, rételo a detener la respiración por 30 segundos.

Si su hijo está corriendo de aquí para allá en la casa, rételo a que esté sentado por 5 minutos y ofrézcale un premio inmediatamente.

El poder de los refuerzos disminuye si pasa mucho tiempo entre la conducta deseada realizada y la recompensa. No deje pasar mucho tiempo o las posibilidades de que el niño vuelva a realizar dicho comportamiento se anulará.

Por ejemplo, si usted le ofrece a un niño comprarle un dulce a cambio de hacer su tarea, y cuando termina dicha tarea usted le responde: *"ahora no tengo dinero, más tarde te compro el dulce"*. El niño se desanimará y es muy probable que al día siguiente no quiera hacer la tarea aunque usted le ofrezca el dulce.

El uso de Registros

Lleve un registro o un diario de las conductas de sus hijos (positivas y negativas). Además, lleve un registro de los premios y recompensas. También lleve cuenta de cuántas veces ha mejorado una conducta y cuáles conductas no aceptables se han eliminado.

Esto le animará al ver los logros y cambios en sus hijos. También le ayudará a ser sistemático y constante con el método que se está utilizando. Si comienza muy efusivamente y ante el menor obstáculo usted se desanima y no continúa con el procedimiento, no verá los resultados. Para ver resultados debe ser constante y paciente. No se de por vencido.

Entendiendo a su Hijo

Para entender el por qué su hijo se está comportando mal es muy necesario mantener un diario para que:

Identifique un comportamiento que le gustaría cambiar. Sea tan específico como pueda. (ejemplo: mi hijo no obedece, demanda cosas, lloriquea) Describa lo mejor que pueda la conducta que acaba de presenciar.

Cuando la conducta ocurre, escríbala inmediatamente y trate de ver qué fue lo que la provocó y que pasó después (consecuencias) También anote cómo se sintió usted y cómo reaccionó.

Después de una semana trate de observar si hay un patrón de comportamiento. ¿Cuándo ocurre? ¿Con quién aparece? ¿Cuáles son las consecuencias en su hijo? Generalmente esto tiene que ver con la demanda de atención, tratar de hacer lo que le place y de la manera que él quiere.

Pregúntese ¿qué está aprendiendo su hijo de la manera como usted está respondiendo a dicha conducta o mal comportamiento? ¿Estoy poniendo límites y barreras consistentemente, o unas veces lo hago y otras veces no?

Una vez que ha detallado el panorama de acción usted está listo para cambiar el patrón de comportamiento cambiando las razones y consecuencias de dicha conducta.

Puede ser que usted tenga que tratar de ignorar cierto comportamiento, remover privilegios, fijarse de la manera cómo usted le pide a su hijo que haga las cosas. Pero lo más importante es concentrarse en reforzar y premiar el buen comportamiento.

La Autoridad de los padres

Muchos problemas pueden resolverse a la luz de la palabra de Dios, con respecto a la autoridad de Dios y de los padres. Si logramos que nuestros hijos respeten y obedezcan a Dios, lograremos que nos obedezcan a nosotros, y viceversa. Nosotros los padres somos responsables delante de Dios por el entrenamiento y enseñanza de nuestros hijos. Si nosotros como padres obedecemos a Dios en todo, nuestros hijos nos obedecerán en todo también. Pero no podemos demandarles lo que nosotros mismos no ejercitamos.

Usted debe estar convencido de que posee autoridad y tiene derecho a ejercerla. Que el derecho primordial del niño es respetar esa autoridad. A los hijos les toca demostrar: amor, respeto y obediencia. Somos los representantes de Dios en la tierra, y eso nos da una potestad que ha sido delegada por Dios. La paternidad exige tener profundas convicciones de lo que el niño es y de lo que debe ser su educación.

La autoridad es necesaria y sin ella no habría sociedad. Toda autoridad legítima ha sido puesta por Dios y a los primeros a quienes se les ha delegado autoridad ha sido a los padres.

Sin embargo esto no nos da ningún derecho de abusar de ella. Aprovecharnos de esa autoridad para herir, maltratar y forzar a nuestros hijos para saciar nuestro propio ego, es reflejar a un Dios tirano e iracundo. Es crear un concepto erróneo de Dios. Nunca enseñemos a nuestros hijos a través del castigo, sea físico, verbal o emocional. Lo que se logra con esto es levantar el temor e inseguridad en ellos, además de la violencia y rebeldía.

La Comunicación entre padres e hijos:

Expresar lo que pensamos, sentimos y deseamos es fundamental para enriquecer y mejorar las relaciones con nuestros hijos. De esta manera podemos entregarles valores positivos, productivos y saludables.

Frecuentemente, cuando se nos pregunta sobre la comunicación que existe con nuestros hijos, no tenemos problema en decir: "yo hablo mucho con ellos". Si nos ponemos a analizar, no son conversaciones sino instrucciones lo que ejecutamos. Entonces:

- ESCUCHE, no sólo oiga
- OBSERVE, preste atención
- RESPONDA, mantenga una conversación y no un monólogo

1. SABER ESCUCHAR

A veces en lugar de escuchar, sólo oímos. Discriminamos lo que recibimos a nivel auditivo y lo seleccionamos en niveles de importancia. Le decimos a los hijos que sí estamos escuchando cuando en realidad hemos seleccionado la conversación como de una importancia menor.

Una práctica sencilla para instar a los hijos a comunicarse sería: - Mírelo a los ojos, asienta con la cabeza, si está sentado incline su cuerpo hacia adelante, entréguele su completa atención.

Ponga atención a lo que su hijo dice y cómo lo dice. Identifique los sentimientos que su hijo está expresando al hablar. No lo interrumpa. Concéntrese en escucharlo.

Mientras él habla, no piense en la opinión que usted tiene sobre lo que él está diciendo ni en lo que le responderá cuando haya terminado.

Asegúrese de entender lo que su hijo ha querido decir durante la conversación. Para confirmarlo, repita lo que usted ha entendido. Por ejemplo: *"¿Quieres decir que sabes que debes decir "no" al uso de drogas, pero que no sabes cómo manejar la presión de tus amigos?"*

Si sus hijos notan que usted los sabe escuchar estarán más abiertos a compartir sus sentimientos y sus dudas, y usted podrá saber lo que piensan.

2. *SABER OBSERVAR*

En las conversaciones con nuestros hijos, la comunicación verbal (lo que hablan) es tan importante como la no-verbal (como actúan). Saber reconocer estas señales nos ayudará a conocer sus sentimientos.

Las expresiones faciales y corporales de sus hijos dicen mucho y envían mensajes claros que no se pueden pasar por alto.

Los gestos, caricias, palmaditas, etc. Mejoran la comunicación y hacen que el muchacho se sienta más a gusto y en confianza para hablar.

3. SABER RESPONDER

Debemos demostrarles benignidad a nuestros hijos cuando queremos darles a conocer nuestras opiniones o la manera de solucionar conflictos.

La forma de expresarnos también presenta ciertos elementos críticos que pueden facilitar o bloquear la receptividad. Algunos de estos elementos deben usarse de la siguiente manera:

* Maneje el tono de voz.

* No ofrezca consejos cada vez que su hijo le hable.

* No convierta la conversación en un regaño.

* Evite el uso de palabras recriminatorias como "siempre" y "nunca". Por ejemplo: "Siempre haces lo mismo para contrariarme" o "Nunca me ayudas en nada". Estas afirmaciones llevan a sus hijos a optar por reacciones de contra ataque o actitudes defensivas.

Criticar el tipo de comportamiento, no al hijo. Dios odia el pecado pero ama al pecador.

* No se concentre sólo en las faltas, asegúrese de halagarle los aspectos positivos.

* Aprenda a controlar el enojo.

* Contrólese

Capítulo 8

El Castigo

El Castigo

Tercera Etapa: El castigo

Se debe suprimir una conducta inadecuada en el niño desde temprana edad, presentando la conducta correcta al mismo tiempo. De lo contrario, al crecer y enfrentar la escuela o el colegio y sea castigado por conductas indeseadas esto producirá rebeldía en el niño en lugar de un cambio de comportamiento.

Los eventos que hacen decrecer la probabilidad de un comportamiento en el futuro se llaman castigos.

Si un niño no es castigado por algo que realmente lo amerite y atente en contra de su identidad e integridad como ser humano, cuando crezca podrá alimentar comportamientos desordenados e inadecuados que lo llevarán al vandalismo, el crimen y cosas similares.

Una conducta debe castigarse para que no vuelva a repetirse. Ese es el propósito del castigo. Suprimir una conducta. Pero no debe emplearse el castigo para "enseñar una conducta".

Nunca le diga al niño "te quito esto para que *aprendas* a portarte bien" o "te pego para que *aprendas* a obedecerme".

Si un niño desobedece la instrucción de su padre con respecto a no salir de la casa para jugar con sus vecinos, y sale sin permiso, el padre debe sancionarle. De lo contrario, el niño seguirá desobedeciendo la orden hasta que algo malo pueda ocurrirle por no acatar el mandamiento de su padre.

Sin embargo, si una madre utiliza los golpes, los gritos y las reprimendas para hacer comer a su hijo, o para que haga la tarea, el niño asociará el dolor con la acción de comer o de hacer la tarea. El castigo no se aplica *durante* la instrucción de un comportamiento, se aplica *después* de que un comportamiento inapropiado sucede, esto en caso de tener que utilizarlo.

Cuántas veces hemos usado esta expresión: **"es que este niño sólo entiende por las malas"**, sin saber que la frase en sí misma encierra una gran verdad. El niño no entiende de otra forma que por las malas, debido a que el método utilizado fue la violencia, el grito, el desánimo y el hijo entonces se hace a la idea de un castigo merecido. Muchos dicen: **"de por sí, me van a pegar de todas maneras"**, **"a mí sólo me pegan"**, **"hago cosas buenas y siempre me castigan"**.

Recuerde, el castigo **SUPRIME, QUITA, ELIMINA.** La corrección y la disciplina **PONEN, AÑADEN, DAN.** El castigo es para eliminar algo malo, contraproducente y peligroso, no es para eliminar conductas sanas ni positivas. Un castigo mal empleado producirá la eliminación de una conducta buena en lugar de la mala.

¿Qué es el castigo?

El castigo es toda acción ejercida con el objetivo de causar malestar, sin lesionar la integridad física ni emocional del niño, con el propósito de corregir una conducta indeseada. No necesariamente tiene que causar dolor.

Una cosa es el castigo, otra muy diferente el maltrato y abuso de autoridad. La meta no es que el niño sufra sino que se sienta mal por lo que hizo. Muchas veces hacemos sufrir a nuestros hijos por un castigo mal entendido, logrando nada más que maltrato físico o emocional.

Otras veces pareciera que les castigamos por una buena conducta, aun sin darnos cuenta.

El castigo debe ser aplicado para obtener un cambio inmediato de la conducta no deseada, si no es así lo que se logra es una herida emocional en los niños, que más bien agravará su comportamiento. Nuevamente recuerde: El castigo no enseña un comportamiento, sino que lo sanciona.

Si un evento, no importa cuanto duela, no está produciendo una disminución en la frecuencia y/o intensidad de un comportamiento, no puede ser considerado como un castigo. Pero si el evento debilita la incidencia del comportamiento, entonces si es un castigo, no importa si duele o no.

El Castigo físico

Prácticas como bofetadas, azotes desmedidos, pellizcos, encierros, que continúan siendo socialmente admitidas y practicadas, constituyen una violación de los derechos fundamentales de los niños como personas. Atentan a su integridad, dignidad y disminuyen su auto-estima.

Cuando el castigo psicológico se da puede causar daños graves en los niños, tales como estrés y depresiones fuertes.

Los niños que sufren de este tipo de castigo de parte de sus padres tienden a reproducir comportamientos antisociales y a convertirse en adultos violentos. Pese a la firmeza de las normativas internacionales hasta ahora sólo seis estados europeos tienen una legislación que prohíbe esta práctica.

El castigo físico mal empleado, induce al aprendizaje de comportamientos agresivos. La violencia genera violencia. Se ha comprobado que los niños que han sido sujetos al castigo tienden a ser más agresivos con sus compañeros de clase y con sus hermanos. También se ha establecido que estos mismos niños cuando crecen tienden a pegarle a sus hijos y esposas, perpetuando así el uso de la violencia.

El castigo por si solo no promueve comportamientos sociales. **El castigo físico NO educa.** No enseña qué es lo que está mal y por qué. Sólo enseña a no hacer algo por temor a ser castigado. Enseña a suprimir una conducta para evitar los golpes. Al principio, mientras los niños creen las amenazas de los mayores, obedecen por miedo. Pero pronto aprenden a disimular y a mentir con el fin de evitar los terribles castigos que ellos creen van a recibir. Nunca amenace con castigar, porque si usted no lo cumple ellos llegan a la conclusión (correcta) que los adultos también son mentirosos.

Equivocadamente, los cristianos hemos utilizado de manera errónea el castigo y el uso de la vara de la corrección, y lo que estamos haciendo es cometer errores graves en la vida de nuestros hijos. Propinar una paliza o "paleteada" es un método efectivo para detener una conducta dañina inmediatamente, pero NO lo es para todos los muchachos ni debe usarse como la única forma de castigo. El uso de la vara de la corrección se reserva como último recurso solamente en situaciones de desobediencia y rebelión, y no incluye a todos los niños. Como veremos más adelante, la palabra de Dios realmente rebela la edad y momento en que la vara era utilizada y por qué. No incluye a los niños pequeños, y solamente era usada bajo circunstancias especiales. Continuemos estudiando:

La Reprensión y el Castigo
a la luz de la Palabra de Dios

"No desprecies la **disciplina (paideia)** del Señor ni te desanimes cuando te **reprenda (elegco)**, porque el Señor **corrige (paideia)** a quien ama y **castiga (mastitzo)** a quien recibe por hijo" Hebreos 12:5

El Arte de criar a los hijos

"La paga del pecado es la muerte". Esta aseveración no es un castigo, es una consecuencia. El castigo debe disminuir la frecuencia e intensidad de una acción.

La consecuencia de un pecado no siempre erradica ese pecado. Cuando la consecuencia por sí sola no causa efecto en nosotros (como hijos de Dios) entonces Dios interviene con la corrección y por último el castigo.

La Reprensión

La palabra más utilizada en la Palabra de Dios para "reprensión" en el Nuevo Testamento es la raíz griega elegxo o elegjo. ελεγχω. La traducción por sí sola implica: refutar, convencer de un error o una falta, mostrar, demostrar, poner en evidencia, poner a prueba, investigar, examinar, interrogar, regañar.

Nótese que la reprensión lleva en sí misma varias etapas. Reprender no significa castigo físico de buenas a primeras. La acción de reprender es con el fin de: generar pena y vergüenza en la persona reprendida provocando convicción, exponiendo a la luz la falta para corregirla. Esto se hace de dos maneras:

Verbalmente: reprendiendo severamente, regañando, amonestando y reprobando. Es llamar la atención, mostrarle a alguien su falta y demandar una explicación. La reprensión también implica señalar la conducta indebida y tomar el tiempo de mostrarle a la persona cómo es que se hace.

De hecho: (última etapa) es castigar.

El castigo

Es el verbo griego: *Mastitzo, que proviene de la raíz: mastiz* (fustigar, azotar. Azote, calamidad, tormento) La palabra de Dios utiliza esta palabra para referirse al castigo. En el hebreo es la palabra: "yakach" y Significa causar molestias para obtener arrepentimiento, razonando, convenciendo y reprendiendo. NO se refiere al castigo físico.

El entrenamiento de Dios (paideia) es un proceso que lleva estas etaopas: disciplina, corrección y castigo.

"porque Jehová al que ama **castiga**, como el padre al hijo a quien quiere" Proverbios 3:12

"Pobreza y vergüenza tendrá el que menosprecia el consejo, pero el que acepta la **corrección** recibirá honra" Proverbios 13:16

"Con **castigos** por el pecado corriges al hombre y deshaces como a polillas lo más estimado de él; ¡ciertamente, es apenas un soplo todo ser humano!" Salmos 39:11

"Bienaventurado el hombre a quien tú **corriges**, y en tu Ley lo instruyes" Salmos 94:12

Contrario a lo que pensamos, el castigo o sanción es usado por Dios como último paso. Cuando nos equivocamos, Él **no** nos azota ante el primer error que hemos cometido. Enseñar que Dios CASTIGA, es una manera equivocada de enseñar a nuestros hijos con respecto a la naturaleza divina. Dios no es un Dios castigador. Es un Dios juez. Cada pecado tiene su consecuencia. Pero recordemos, las consecuencias *no son castigos.*

Nosotros como padres cometemos el gran error de utilizar el cinto, la vara o la paleta ante la primera manifestación de una conducta desagradable. Estamos usando el castigo como una herramienta a la hora de entrenar a nuestros hijos y eso está erróneo. Peor aun si lo hacemos con ira y estando fuera de control. Tenemos un problema y hay que buscar ayuda para cambiar ese patrón.

De nuevo, el castigo no es sólo físico. Dios no describe sólo el castigo físico cuando se refiere a castigar y corregir al hombre. De hecho la palabra "vara" se refiere a método disciplinario. Como menciona el Rabino Lic. Profesor Yehuda Ribco: **"El método a usar para corregir y enderezar a sus hijos no es por medio del castigar con azotes, sino que el modo es el regaño respetuoso, la palabra certera, el límite debidamente impuesto; el castigo justo. Este es aquel que no envilece ni al que lo aplica ni al que lo recibe."**

El castigo físico del que habla la Biblia es a través de la VARA DE LA CORRECCIÓN y está destinada para la espalda de los necios. **"En los labios del prudente hay sabiduría, mas la vara es para las espaldas del insensato "** Proverbios 10:13

No es el uso de cinturones, cuerdas, ni ninguna otra herramienta. Además, es la última opción y la última herramienta a usar cuando debe detenerse al muchacho de realizar una acción deliberada y peligrosa.

El pastor por lo general usaba un cayado, para rescate, dirección, y para crear límites para las ovejas. También usaba la vara para dar golpecitos leves a las ovejas y para azotar a los enemigos. La vara era necesaria. Tal como leemos en el Salmo 23:4 'Tu vara y Tu cayado, me infundirán aliento." En hebreo "azotar" significa provocar incomodidad física, pero no brutalidad.

La disciplina y la corrección son necesarias. Hebreos 12 dice: "Si soportáis la disciplina, Dios os trata como a hijos; porque ¿qué hijo es aquel a quien el padre no disciplina? (paideia: a quien el padre no entrena?)"

Es importante conocer y escudriñar las escrituras con respecto a este tema, pero para ello es necesario ir a las fuentes correctas y especificas que pueden ayudarnos a aplicar efectivamente la palabra de Dios en nuestras vidas.

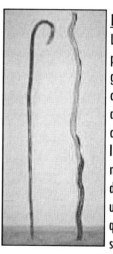

Dato Importante:
La vara usada por el Pastor de ovejas cumplía el propósito especifico de guiar y proteger del peligro a la oveja. La vara era usada por el pastor cuando veía que una de sus ovejas se estaba desviando hacia un barranco o acantilado, colocando suavemente la vara en la oreja del animalito para hacerlo desistir de continuar por el camino equivocado. Pero si continuaba separándose de las demás ovejas, el pastor quebraba una de sus patitas y se la ponía al hombro, hasta que fuera lo suficientemente madura como para ser independiente.

¿Es la vara de la corrección para todos los niños?

La Biblia NO promueve el abuso físico. Además, no debemos ignorar a quienes está reservada la vara de la corrección y a qué edad, ya que en el hebreo existen diferentes términos que delimitan las diferentes edades. La primera etapa del niño es cuando es todavía un bebe y la palabra correspondiente en hebreo es: yeled' y 'yaldah' (*masculino y femenino*) y comprende desde el nacimiento hasta el destete (más o menos hasta los tres años) Esta palabra la podemos encontrar más de 90 veces en el Antiguo Testamento. Esto es importantísimo para comprender lo que la Biblia dice con respecto a los niños en sus diferentes edades y etapas.

Existe otra palabra hebrea: "yonek" y se refiere a un niño lactante, desde que nace hasta los doce meses de nacido. En Lamentaciones 4:4 vemos un ejemplo de esta palabra. Aquí es cuando el niño recibe alimento sólo de la madre. Una vez que el niño comenzaba a tomar alimentos sólidos pero aun no estaba destetado, empezaba otra etapa de su niñez para la cual se usa la palabra: "olel". En este mismo pasaje de Lamentaciones se mencionan ambas palabras hebreas **"De sed se le pega al niño de pecho (yonek) la lengua al paladar; los pequeñuelos (olel) piden pan, y no hay quien se lo dé".**

Después del destete, el niño era llamado "gamul" en hebreo. En Génesis 21:8 aparece el ejemplo de Isaac cuando fue destetado. Ya aquí el niño tiene entre tres y cuatro años.

"taph o taf" es el niño que está constantemente cerca de su madre. En la antigüedad las mujeres cargaban a sus hijos en bandas de tela, porque los niños estaban aprendiendo apenas a dar pasitos. Se le considera "taf" a un niño de tres a seis años de edad.

Cuando los niños se acercan a la adolescencia, entonces la palabra usada es "elem y almah" para varón y hembra respectivamente. Estos no son todavía jóvenes adultos sino pre-adolescentes.

Una vez que el muchacho está volviéndose independiente se usan los términos: "na'ar/na'arah" (joven y jovencita). Samuel, por ejemplo fue independizado de su madre y llevado al templo a muy temprana edad para cumplir un propósito que no todo muchacho de su edad tenía. Quizás por eso se le consideraba más maduro y el término na'ar determinaba el hecho de "volverse independiente". Esta palabra hebrea es la que aparece en el texto de Proverbios 22:6 y se traduciría correctamente como: "instruye al jovencito en su camino y cuando fuere viejo no se apartará de el".

Por otro lado, una jovencita a punto de casarse era llamada: "bthulah" y era específicamente aquella que nunca había tenido relaciones intimas. Finalmente tenemos al niño catalogado como "bachur o bajur". Este término puede encontrarse en Jeremías 18:21 y se refiere al joven en edad de casamiento. En tiempos bíblicos esto sucedía entre los 13 y 17 años.

Estos datos son muy importantes para comprender aun mejor lo que la palabra de Dios nos está enseñando. No podemos tomar todo de manera literal sin conocer el trasfondo cultural y lingüístico en el cual fue escrito.

La edad correcta en que se usa la vara

Cada padre debe definir las reglas bajo las cuales sus hijos deben regirse. Cada familia tiene sus propios estándares y principios morales pero lo importante es enseñar a los niños a estar preparados para diferentes situaciones sociales y afectivas. Cómo comportarse en la escuela, una fiesta, en la iglesia, etc. Estos códigos de conducta son necesarios.

Es menester saber que hay tres variables en cada situación a disciplinar. El padre, o maestro, el niño o estudiante, y el resto de los niños o estudiantes. La única variable que el padre o maestro puede controlar es a sí mismo. El auto control es importantísimo. Si el padre pierde el control, la situación entera estará fuera de control también.

El objetivo es enseñar a nuestros hijos autodisciplina, a confiar en ellos mismos y a que su autoestima crezca. Debe sentir que él es exitoso y que los demás piensan que lo es.

Hay situaciones que atentan contra la salud y bienestar del muchacho o de los que le rodean, y ante dichas situaciones sí debe tomarse acción inmediata y fuerte, utilizando la represión verbal y suprimir privilegios y por ultimo aplicando sanciones.

Antes de proseguir con esta última etapa de entrenamiento en el niño, es necesario hacer notar algo muy importante que muchos desconocen.

Cuando el libro de Proverbios habla del uso de la vara de la corrección, se refiere específicamente a un tipo de muchacho. Al jovencito no menor de diez o doce años, y no mayor de trece. No menor porque el niño no es capaz de comprender ni asimilar por qué se le castiga y no mayor de los trece años porque el muchacho es lo suficientemente grande como para devolverle el golpe a sus padres, violando así el Quinto Mandamiento: "Honra a tu padre y a tu madre".

La palabra hebrea *"na`ar"* es la que aparece en todos estos versículos: **"La necedad está ligada al corazón del muchacho, pero la vara de la corrección la alejará de él." Prov. 22:15. "No rehúses corregir al muchacho; porque si lo castigas con vara, no morirá ." Prov 23:13. "La vara y la corrección dan sabiduría; Mas el muchacho consentido avergonzará a su madre" Prov.29:15.**

Los otros versos que llevan implícito castigo físico utilizan el vocablo hebreo "ben" que simplemente significa: "hijo" a nivel general, pero no se refieren a una edad determinada sino a la condición de hijo.

Una vez más, queda confirmado que la Biblia no promueve el castigo físico en los niños.

Antes de siquiera considerar el uso de la vara de la corrección, los judíos llevaban a cabo todo un sistema disciplinario consistente en diferentes etapas. En capítulos anteriores me dediqué a explicar las etapas del entrenamiento que debemos tomar en cuenta en la disciplina según Dios.

La corrección Efectiva

Existen comportamientos que pueden ser corregidos de una manera concisa, sin gritos ni castigos físicos.

Lo que pasa es que para lograr esto se requiere de un cambio de conducta de parte del padre; se requiere tiempo y razonamiento; se requiere creatividad y sobre todo de la guía de Dios en nuestra vida.

Muchas veces antes de sentarse a pensar cómo ayudar a un hijo a cambiar, los padres recurren al castigo físico como la única opción, y esto está totalmente erróneo.

Recordemos que el castigo por sí solo no enseña ni edifica. La disciplina sí.

[Los magistrados no están para infundir temor al que hace el bien, sino al malo. ¿Quieres, pues, no temer la autoridad? Haz lo bueno y serás alabado por ella, porque está al servicio de Dios para tu bien. Pero si haces lo malo, teme, porque no en vano lleva la espada, pues está al servicio de Dios para hacer justicia y para castigar al que hace lo malo."
Romanos 13: 3-4

El castigo es una penalidad   impuesta para asegurar la aplicación y cumplimiento de la ley.

Actitudes a evitar

Lo correcto		Lo incorrecto
El adulto tiene el rol de educador		El adulto tiene el rol de juez, de policía
El adulto acepta al niño pero no su conducta		El adulto rechaza al niño por "portarse mal"
Para el adulto esto es un proceso de aprendizaje		Para el adulto esto es un proceso acusatorio
El adulto está interesado en la situación y en su resolución		*El adulto está interesado en el castigo solamente*
El adulto observa y trata de no implicarse emocionalmente		El adulto está implicado emocionalmente
El adulto es comprensivo		El adulto está enojado
El adulto respeta al niño		El adulto empequeñece al niño y lo irrespeta
El adulto permite que el niño estudie la situación, que escoja y que aprenda. El deja que el niño decida.		El adulto decide - el adulto castiga

Pasos a Seguir antes de llegar al Castigo Efectivo

Advertencia Verbal: Es muy importante no confundir la advertencia con la amenaza. Cuando se utiliza la amenaza, el niño retará a sus padres hasta el final, para cuestionar su autoridad y comprobar si en realidad cumplirán dicha amenaza. La advertencia es simple, precisa e inminente. Es un tipo de llamado de atención por la conducta inadecuada, haciéndole ver al niño que lo que ha hecho está mal y que debe corregirse o cambiarse y que si no lo hace habrá una consecuencia. La advertencia verbal debe hacerse en voz moderada, sin gritos, pero firme.

Tiempo Fuera o Tregua: se refiere a un período corto de tiempo donde se coloca al niño en un rincón o lugar asignado, y sin distracciones, sacándolo de la situación de conflicto. No es solamente para evitar la situación de conflicto, sino suprimir inmediatamente la conducta inadecuada del niño. Puede ser una esquina en la sala, o en su cuarto donde usted coloque una sillita y lo siente allí hasta que cumpla con el tiempo asignado. Utilice un cronómetro de esos que tienen una alarma, de esa manera el niño se dará cuenta de la medida del tiempo y no hará trampa. No permita que se levante o mueva de allí hasta que cumpla. Si el niño estaba jugando con otros niños, y comenzó a pelear con ellos, al ponerlo en su rincón o tiempo de prueba, hará que él pueda recapacitar con respecto a su conducta (recuérdeselo), además, valorará su tiempo de juego que está siendo desperdiciado por su aislamiento debido a su mal comportamiento. Una vez cumplido del lapso reanude sus juegos. Si vuelve a repetir la misma acción, vuelva a colocarle en su rincón y aumente 5 minutos del tiempo.

> **Proverbios 13:18**: "Si no aprecias la disciplina, te esperan la pobreza y la deshonra; si aceptas que se te corrija, recibirás grandes honores.
> **Proverbios 10:17**: "El que acepta la corrección tendrá una larga vida, pero quien no oye consejos no llegará muy lejos."

La Tregua o Time out es efectivo para ayudar a poner límites a los niños pequeños y enseñarles lo que es apropiado. Es una manera de quitarle poder al comportamiento inadecuado. Ayuda a los padres a mantener el control. Es mucho más efectivo que el castigo físico. Se debe usar de vez en cuando y sobre todo cuando el niño se rehúsa a hacer lo que se le dice. Para otros comportamientos menores se debe también utilizar el remover privilegios.

La Tregua o Time out es más efectiva en los niños entre los 2-6 años de edad y no debe ser usado en niños más pequeños.

A continuación le damos una secuencia de cómo utilizar el tiempo fuera. (El siguiente procedimiento ha sido ya utilizado, ver: R. & Long, N. (1996). Parenting The Strong Willed Child: The clinically proven five week programmed for parents of two to six year olds.)

Escoja un Lugar

Mejores Opciones
Corredor
Cuarto de los Padres (si es que no hay TV ni radio)
Esquina de la cocina (para 2-3 años)
Use una esquina o una silla donde el niño-a no tenga ninguna distracción y pueda recibir el castigo.

Menos Apropiado
La recámara del niño-a

De Ninguna manera use:
Baño
Cuarto Oscuro
un lugar donde el niño se atemorice

Procedimiento

1.   Enfoque una buena dirección

2.   Si el niño no se comporta en los próximos 5 segundos recuérdele: (Vas a ir al time out de no dejar de hacer lo que estas haciendo)

3.   Si aún así el niño continúa la conducta inadecuada dígale: "como no dejaste de pelear., tienes que ir al Time out"

4.   Lleve a su hijo al rincón sin regaños o argumentos. Váyase a otra habitación.

5. Ignore los gritos, protestas, y promesas de buen comportamiento. Evite contacto ojo a ojo.

6. Dígale al niño que se siente en la silla del rincón o que permanezca de pie en la esquina de cara a la pared.

7. Cuando el niño se siente en silencio, entonces ponga el cronómetro. (1 minuto por cada año de edad... máximo 5 minutos)

8. Cuando finalice el tiempo, incluyendo el estar callado por los últimos 30 segundos, regrese a la silla o rincón y hágale saber al niño que el tempo finalizó.

9. Regrese a la actividad inicial.

10. Implemente el time out otra vez si el niño no responde.

Cuando su niño responda positivamente es muy importante usar "alabanzas" para que aprenda qué conducta es la adecuada.

Proverbios 15:12 "Al malcriado (לוץ *luwts: es quien habla arrogantemente, quien se jacta y burla de los demás*)no le gusta que nadie lo corrija, ni se junta con los sabios."

Pasos para Usar el "RINCON"

1. Seleccione un lugar o "rincón"
2. Memorice los pasos
3. Practique sin su hijo-a
4. Dígale al niño del "rincón" para que no haya conformidad

5.   Empiece a usar el "rincón" cada vez que se falle en obedecer el seguir instrucciones

6.   Empiece a usar el "rincón" con otros problemas de comportamiento en casa.

7.   Si debe utilizar el tiempo de "tregua" en lugares públicos, adelante.

Quitar Privilegios

Este es el siguiente paso a seguir. El quitar privilegios es sencillamente omitir temporalmente algún estímulo placentero que le agrade a su hijo.

Puede ser la televisión, los dulces, ir a pasear, jugar nintendo, la computadora, el Internet, escuchar música, salir a jugar, etc.

Haga una lista de las cosas que usted observe que mantienen a su hijo con todo el nivel de atención enfocado en ese estímulo.   Anote lo que a el más le gusta HACER. Confeccione una lista, que a su vez servirá como la lista de premios y refuerzos positivos.

En mi caso, yo descubrí que el quitar privilegios fue muy efectivo en mis hijos adolescentes. No se trata de quitarle eficacia a la palabra de Dios cuando nos habla de la vara de la corrección, pero debemos instruirnos con la Palabra de cómo y cuándo usarla.

No podemos usar la vara de corrección como el fin, sino como un medio para lograr buenas conductas. El Torah permite a un padre castigar físicamente a su hijo no nenor de diez años, pero solamente bajo circunstancias muy especificas. Sin embargo, se le prohíbe azotar al muchacho una vez pasados los 13 años, ya que el muchacho querrá devolver el golpe y esto hará que viole el mandamiento de no golpear a los padres. Hoy en día, sin embargo, los judíos no usan la vara sino un cordón liviano (como de zapato) para no hacerle daño al muchacho y sin usarlo repetidamente.

Dato interesante con respecto a los hijos

La palabra hijo en hebreo es: BN בן significa: "dar continuidad a la casa", "la semilla o nueva generación que continua los preceptos de la casa". La primera letra es (bet - B), un dibujo de una tienda o casa. La segunda letra (nun - N) es el dibujo de una semilla. La semilla representa la nueva generación que crecerá y producirá una nueva generación detrás de sí. Por lo tanto, esta letra también significa "continuar". Cuando se combinan estas dos letras se forma la palabra BeN que significa: "continuar la casa".

En el Nuevo Testamento encontramos dos palabras diferentes en el griego koiné que se refieren a: HIJO. La primera palabra es υἱός hwē-o's y es usada generalmente para referirse a la descendencia del hombre. En un sentido más extenso se refiere a la descendencia, la posteridad de alguien. (Mat 1:1 / Mat 1:21 / Mat 1:25) La segunda palabra a la que queremos referirnos es τέκνον te'k-non (1 Cor 4:14 / Fil 2:15)

El significado de esta raíz griega se transfiere a la intimidad y relación recíproca formada entre los hombres unidos por vínculos de amor, amistad, confianza, como la existente entre padres e hijos.

Jesús nunca fue llamado τέκνον sino υἱός . El es EL HIJO, el unigénito Hijo de Dios en el pecho del Padre. Pero no fue llamado τέκνον como lo somos nosotros.

Capítulo 9

La Vara de la Corrección

El uso de la vara de la corrección

Como ya hemos visto, es mucho más fácil tomar la vara y aplicar el castigo inmediatamente, sin detenerse a buscar las causantes o las raíces de un problema conductual.

Los padres están tan cansados a veces, después de un largo día en su oficina o después de todo un día lidiando con los pequeños, que esta opción pareciera ser la más acertada. Claro que al usar la vara usted verá cómo la conducta indeseada se detendrá. Pero esto no quiere decir que desaparecerá. Tampoco quiere decir que sea el método correcto tal y como nos lo han enseñado.

Recuerde que el castigo, eso es lo que hace. *Detener una conducta pero no la desaparece.* El miedo a ser castigado puede detener el comportamiento, pero otros patrones conductuales aparecerán, y entonces usted tendrá que lidiar con más de un problema.

El muchacho, por temor, no cometerá una infracción, pero no lo hace porque sea lo correcto. Como padres, debemos sacar tiempo para hacer cambios positivos en nuestra manera de disciplinar a los hijos para ver resultados exitosos y verdaderos.

¿Qué es la vara de la corrección?

Prov. 21:15: "La necedad esta ligada en el corazón del muchacho (jovencito en pubertad) ; mas la vara de la corrección (medida, método que usemos) la alejará de él."

En este pasaje, la palabra necedad se refiere a la incapacidad de discernir lo que está bien. Los jóvenes por su inmadurez, no saben discernir lo que es mejor para ellos. A los niños pequeños se les debe decir qué hacer y no preguntarles si desean hacerlo. Con el tiempo y dependiendo de la madurez que vayan alcanzando nuestros hijos pueden entonces tomar ciertas decisiones por ellos mismos.

Los israelitas creían que una vida indisciplinada no prepararía al joven para arreglárselas con lo que tendría que enfrentarse. Les enseñaban a sus hijos el significado de la responsabilidad al comienzo de su vida, de tal modo que cuando los jóvenes llegaran a la vida adulta pudieran con confianza hacer frente a sus demandas. Si un hijo crecía de manera irresponsable, no sólo se avergonzaría él mismo, sino que traería vergüenza a su familia.

La palabra de Dios declara: *"La vara y la corrección dan sabiduría; mas el muchacho consentido avergonzará a su madre"* (Proverbios 29:15).

Este tema de la vara de la corrección es un tema polémico y mal entendido en la mayoría de los casos, especialmente por nosotros los cristianos. Muchos abusan de este procedimiento y lo toman como excusa para utilizar el castigo físico en los niños, y esto no tiene fundamento bíblico.

Si nos vamos a la luz de la Palabra de Dios, y prestamos atención y un poco de tiempo para estudiar este tema, nos maravillaremos de lo eficaz que es la forma por medio de la cual el Señor nos enseña la manera correcta de formar a nuestros hijos, sin necesidad de abusar de nuestra autoridad como padres. De hecho, el libro de los proverbios es el manual más antiguo de pedagogía que existe.

La palabra "vara" implica castigo corporal, sí, pero no para ser usada en niños pequeños. Este es un castigo físico que envuelve un "malestar corporal *temporal*". Si usted deja marcas en su hijo después de castigarlo, y después de unos minutos esas marcas no han desaparecido, usted no está ejerciendo castigo corporal sino que está ejecutando abuso físico.

Dios no está de acuerdo con el abuso físico ni lo promueve. Muchos han tomado pasajes aislados bíblicos para decir que Dios es un tirano y que promueve el castigo.

La palabra de Dios hay que escudriñarla y meditar en ella todos los días. Si no entendemos algo bien, escudriñémoslo, investiguemos.

Todos los pasajes que se refieren a la vara de la corrección han sido escritos en hebreo y fueron dirigidos a los judíos; por lo tanto, vayamos a las fuentes correctas.

Edersheim, un rabino judío, sugiere el uso de una correa ligera en lugar de la conocida "vara" que comúnmente usan los cristianos para castigar, sencillamente porque no saben cómo. El rabino y erudito Moisés Feinstein también apoya esa sugerencia. El uso de un látigo, regla o varilla está totalmente sin fundamento.

Una vara plana de mediano tamaño y no muy gruesa también es sugerida. No use palos, fajas, u otro objeto. Ni tome lo primero que esté a su alcance para lanzárselo al muchacho.

No utilice pellizcos, forcejeo ni agite violentamente a su hijo. Nunca le castigue cuando esté con ira o enojo. Espere unos minutos, cálmese y luego actúe. Además, es importante recalcar que el propósito no es dañar la integridad física del muchacho sino propinarle un malestar temporal con el fin de llevarlo al *arrepentimiento.*

Si el no muestra arrepentimiento, en vano fue el castigo y podríamos estar propinando abuso físico. El propósito del uso de la vara de corrección es el mejorar el comportamiento futuro de los muchachos. Si esto no está sucediendo, entonces cambie de método.

La vara era usada en los muchachos en edad de la pubertad, y no cuando son más chicos. En el Torah (la biblia judía) los niños pequeños están exentos de ser castigados físicamente, pero tan pronto como llegaban a la pubertad podían ser castigados por estas razones: avergonzar a sus padres, desobediencia obstinada y por rebelión. ¿Cuántos de nosotros como padres hemos recurrido al uso del castigo físico como primera opción en la educación de nuestros hijos? ¿Cuántos de nosotros, por fatiga, enojo, frustración, hemos castigado corporalmente a nuestros hijos sin detenernos en tratar de buscar la raíz del problema y mucho menos una solución?

Estoy segura que todos nosotros nos hemos visto en esa situación alguna vez. El uso de la vara debe ir acompañado por: el consejo, oración, guía y amor de los padres.

En mi opinión personal es el método final al cual debemos recurrir cuando lo demás no ha funcionado, y nunca en niños pequeños. Pero esto toma tiempo y paciencia de parte de los padres y no todos están dispuestos a pagar este precio.

Castigo Físico en niños

Primero tome en cuenta que el libro de los proverbios (que es donde se encuentran los pasajes concernientes al uso de la vara) no fue escrito en un contexto de pensamiento cristiano, sino que de acuerdo con la ley de Moisés a los judíos.

Por otro lado, el uso de la vara era reservado solamente a los jovencitos varones, nunca a las jovencitas. Todos los pasajes que hablan de la vara de la corrección en Proverbios utilizan la forma gramatical masculina. Si el autor hubiera incluido varones y hembras hubiese utilizado la forma gramatical especifica para ambos, en plural.

Sin embargo, todos los pasajes están en tercera personal singular masculina en hebreo.

En el Nuevo Testamento ninguno de los pasajes que habla de disciplina en los hijos hace referencia al uso de la vara de corrección.

El apóstol Pablo uso el término griego *rhabdos* que se traduce "vara", pero dirigido a personas adultas.

"¿Qué queréis? ¿Iré a vosotros con vara, o con amor y espíritu de mansedumbre?" 1 Corintios 4:21

El apóstol Pablo fue muy directo y estricto en sus especificaciones sobre cómo llevar la casa en orden, teniendo a los hijos en sujeción; aquí hubiera sido una excelente oportunidad de afirmar el uso de la vara de una manera más rígida, pero no lo hizo.

De todas las referencias al libro de los proverbios en el Nuevo Testamento, NINGUNA se refiere al castigo físico en los niños.

Dos referencias del libro de Proverbios con respecto a la disciplina en los hijos las encontramos en un solo lugar en el Nuevo Testamento, en el libro de Efesios: **"Y vosotros, padres, no provoquéis a ira a vuestros hijos, sino criadlos en disciplina y amonestación del Señor."** Ambas palabras griegas son PAIDEIA y NOUTHESIA y no se refieren a castigo físico. *(ver capítulos correspondientes en este libro).*

Por último tenemos el pasaje de Hebreos 12:4-6 que dice: **"y habéis ya olvidado la exhortación que como a hijos se os dirige, diciendo: «Hijo mío, no menosprecies la disciplina del Señor ni desmayes cuando eres reprendi-**

do por él porque el Señor al que ama, disciplina, y azota a todo el que recibe por hijo»

Este pasaje no hace alusión al castigo con la vara de la corrección. Tampoco se refiere al uso del castigo físico en los niños. La palabra hebrea equivalente para la palabra "azote" es *muzar* y no se refiere específicamente a los golpes ni azotes. Como dice el rabino y erudito Samuel Martin *"mientras que todo azote es castigo, no todo castigo es propinado con azotes"*. El castigo, como vimos en capítulos anteriores puede ser propinado quitando privilegios y aplicando sanciones.

En el libro de Proverbios 19: 18 leemos: "Castiga a tu hijo mientras haya esperanza, pero no se excite tu ánimo hasta destruirlo". La palabra hebrea usada aquí para castigar es: *yacar* pero no significa dar azotes o golpes sino: disciplinar, instruir y entrenar. ¡Qué diferencia!

Lo mismo en este pasaje: "Si alguien tiene un hijo contumaz (סרר carar: obstinado, refractario, de voluntad resistente como una bestia) y rebelde (מרה marah: peleonero, reblde contra los padres y contra Dios) , que no obedece a la voz de su padre ni a la voz de su madre, y que ni aun castigándolo *(yacar)* los obedece, su padre y su madre lo tomarán y lo llevarán ante los ancianos de su ciudad, a la puerta del lugar donde viva, y dirán a los ancianos de la ciudad: "Este hijo nuestro es contumaz y rebelde, no obedece a nuestra voz; es glotón y borracho" Entonces todos los hombres de su ciudad lo apedrearán, y morirá. Así extirparás el mal de en medio de ti, y cuando todo Israel lo sepa, temerá."

Según el Talmud, el hijo que aquí se menciona es aquel varón que ha pasado la edad de los trece años y que no ha querido seguir instrucción, disciplina ni entrenamiento. Entonces era azotado despúes que los padres reportaban la primera ofensa. Si después de los azotes el muchacho no cambiaba de conducta, y nuevamente era acusado de rebelión, entonces era condenado a muerte por lapidación. Pero los padres hacían todo lo posible por evitar que eso sucediera a menos que ya el comportamiento fuera incorregible. Todo tenía un proceso legal.

En todo el Nuevo Testamento no encontramos ningún verso especifico que hable del castigo físico en los niños. Encontramos pasajes que mencionan "azotes, golpes" pero no involucran la vara ni van dirigidos a los niños. Tampoco dice la biblia que debe aplicarse la vara al trasero o los "glúteos" del muchacho. Dice claramente: en la "espalda" del necio. En hebreo hay una palabra especifica para los glúteos y es: *shehth* y ciertamente no es la que fue usada. Este tipo de castigo se reservaba para los criminales, hasta cuarenta azotes. (Deuteronomio 25:3)

El uso del castigo

Antes de aplicar un castigo, usted debe controlar su ira y enojo. No importa cuán grave haya sido la falta. Deseo aclarar aquí que "castigo" no es castigo físico, sino la sanción aplicada a la falta.

No hay que esperar demasiado tiempo antes de aplicar una sanción. Esto genera demasiada ansiedad en el niño. Además, si se espera demasiado, la memoria de lo que hizo mal no estará fresca sino que lo que él recordará es: "me castigaron", en lugar de "cometí un grave error y debí ser castigado"

Siempre dígale a su hijo el por qué le está castigando. "para que no cruces la calle sólo" "para que dejes de mentirme" ,"porque me sigues desobedeciendo".

No es conveniente dar un abrazo inmediatamente al aplicar una sanción o castigo. Eso causa confusión en la mente del muchacho. Me castigan y después me abrazan.

Usted no debe darle un premio sino un castigo. No tiene nada de malo que el niño sepa que el padre o la madre están muy molestos por su acción. Hay pequeños que buscan inclusive que los padres les propinen una paliza porque quizás es una forma de ganarse un abrazo o una caricia de sus padres que generalmente no le darían. No permita que esto suceda.

Dele tiempo al niño de arrepentirse. Cuando él se arrepienta y pida perdón, entonces sí demuéstrele cuánto lo quiere a través de sus besos y abrazos. Estaría premiando el arrepentimiento, no el castigo.

Recuerde: El objetivo del castigo no es humillar al muchacho. En niños adolescentes y un poco mayores, recuerde que funciona mejor la privación de privilegios.

Capítulo 10

Criando hijos obedientes

Conociendo a los Niños

El padre y el maestro deben tomar tiempo para estudiar el comportamiento y las etapas de desarrollo físico y cognitivo de sus niños. De esta manera será más efectivo en lo que hace. Como maestros debemos recordar que nuestros alumnos aprenden utilizando sus cinco sentidos, dividiendo el aprendizaje de la siguiente manera:

- oído   - 10%
- vista   - 50%
- tacto   - 80%
- olfato - 60%
- gusto   - 90%

El hombre vive tres etapas generales de la vida que comprenden los siguientes años:

1-12 años / 13-24 años / 25– adelante

LA VOLUNTAD PROPIA DEL NIÑO

La voluntad propia puede ser afectada por: la herencia o el ambiente. La persona decide si quiere o no alguna cosa. Por eso esa voluntad debe ser formada y guiada correctamente.

LA NIÑEZ Y SUS ETAPAS

El niño de los 0 a los 6 meses:
Este periodo es fundamental para su desarrollo posterior como persona integrante de una sociedad, con unos valores, normas y actitudes que hay que respetar y con los que hay que convivir.

Al nacer un niño mide 50 cm. y pesa aproximadamente 3,5 Kg. y ahí comienza un desarrollo regular y continuo. Las cuatro primeras semanas son el periodo neonatal, transición de la vida intrauterina a una existencia independiente. El bebé al nacer tiene características distintivas: cabeza grande, ojos grandes, nariz pequeña, mentón hendido (mamar) y mejillas gordas. La cabeza del neonato es ¼ de la longitud del cuerpo, y los huesos del cráneo no estarán completamente unidos hasta los 18 meses. El crecimiento físico es más rápido durante los 3 primeros años que durante el resto de la vida. El primer diente aparece entre los 5 y los 9 meses, al año tienen entre 6 y 8 y a los 2 años ½ tienen 20.

Aprendiendo a ministrar a estos niños
El padre puede orar por los niños; puede recitarles un texto bíblico corto y sencillo. Puede cantarle al niño o utilizar un CD de música instrumental o de niños con temas

bíblicos. A través de todo lo que rodea al niño podemos comenzar a introducir el concepto de la creación de Dios. Puede mostrarle la biblia e ilustraciones de las historias. En esta etapa los padres deben tomar muy en cuenta que el papel del maestro no es el de un niñero o babysitter. Es mucho más que eso. Por eso es necesario que usted conozca las etapas de desarrollo del niño y poder realizar ejercicios motores, lingüísticos y cognitivos basados en el aprendizaje de la palabra de Dios.

Progreso del control postural

3 meses - control de la cabeza
3 meses - comienza a rodar sobre si mismo
3 ½ meses agarrar un objeto un muy grande
4 meses - coordinación óculo-manual
6 meses - sentado casi sin ayuda
7 meses - pinza digital fina
8 meses - gateo y arrastre
10 meses - puesta en pie, desplazamientos agarrado
12-14 meses - empezar a caminar sin ayuda

CONDUCTAS OBSERVABLES

El niño realiza movimientos automáticos de succión y búsqueda. Emite sonidos guturales (*consonante que se pronuncia con la garganta)

Se comunica a través del llanto. Reacciona a la voz humana, la música y el ruido. Realiza movimientos no-coordinados de brazos y piernas y los flexiona. Reacciona a cambios de luz, cerrando y abriendo los ojos. Mira objetos dentro de su campo visual e intenta seguir sus movimientos. Reacciona a algunos olores y ante estímulos sonoros y algunos sabores. Centra su atención en estímulos visuales y auditivos. Inicia la sonrisa social y en ocasiones se ríe a carcajadas. Diferencia y reconoce olores, sabores y texturas. Une a las manos frente a la cara. Intenta levantar y sostener la cabeza inicia la coordinación ojo - oído. Sostiene objetos con las manos, inicia la coordinación mano - boca. Boca abajo intenta levantar el tronco y la cabeza. Boca arriba intenta erguirse levantando la cabeza y los hombros

Niños de 6 meses a 1 año:

El bebe a esta edad ya puede sentarse solito. El niño se encuentra en el tercer y cuarto sub-estadio de desarrollo: *Tiene reacciones circulares secundarias:* Interacción con los objetos y personas cercanas. No hay intención en las acciones, pero se va provocando la respuesta querida por repetición. El Cuarto sub-estadio de desarrollo es a los 8-12 meses: *Coordinación de esquemas secundarios:* Aumento de la capacidad para prestar atención. Tiene Intencionalidad en la acción.

CONDUCTAS OBSERVABLES

* Se voltea sin ayuda
* Se sienta con apoyo hasta lograrlo solo

- Intenta gatear y deslizarse.
- Logra la coordinación de las dos manos y ojo - mano.
- Establece las diferencias de los sonidos
- Centra su atención en estímulos visuales y auditivos.
- Muerde los objetos que se lleva a la boca.
- Identifica personas y objetos que le son familiares.
- Reacciona con gran emotividad al ver su imagen en el espejo.
- Emite balbuceos espontáneos, pronuncia monosílabas.
- Intenta pronunciar algunas palabras.
- Pasa de la posición de sentado a gateo con facilidad cuando quiere desplazarse con rapidez hacia delante y hacia atrás.
- Camina apoyándose, se mantiene de pie sosteniéndose con una sola mano, utilizando diferentes medios para agarrarse y desplazarse.
- Intenta caminar sin apoyo, hace solito.
- Apoya objetos, utilizando los dedos índice y pulgar y los suelta a voluntad, usa la pinza radial rudimentaria hasta perfeccionarla.
- Inicia gestos, movimientos y juegos.
- Destapa frascos, tarros, inspecciona cajas, carteras, aumenta su curiosidad, llega a un fin por diferentes medios.
- Coloca objetos, uno sobre otro y formando torres de 2 ó 3 cajas o cubos.
- Aumenta la atención y concentración

El quinto sub-estadio de desarrollo ocurre entre los 12 -18 meses. Se dan: *Reacciones circulares terciarias:* Proceso experimentación junto con nuevas situaciones. Se desarrollan relaciones instrumentales nuevas en sus esquemas mentales. Intentan hasta conseguir lo que desean alcanzar. A los 15 meses, comienzan a experimentar y diferenciar (el agua no es como el aire) El sexto sub-estadio de desarrollo ocurre entre los 18 – 24 meses. Se da la *invención de nuevas coordinaciones por combinación mental de representaciones:* Representación de objetos y hechos. Pasa del pensamiento sensorimotor al pensamiento simbólico (pensar en objetos y cosas no presentes, imitar modelos sin verlos).

Desarrollo del Lenguaje

(El manejo del habla no es únicamente una cuestión de aprendizaje, es también una función de maduración)

La primera actividad vocal del bebé es llorar

1° mes - balbuceo

6 meses - atento a los sonidos intentar reproducirlos. Sonidos casuales

9 meses- vocales (a / e)

1 año - primeras palabras. 5 vocales y algunas consonantes (p / t / m)

La afectividad es el motor del desarrollo del leguaje. Es imprescindible establecer vínculos afectivos con los adultos que le rodean.

Aprendiendo a ministrar a estos niños

Repítale al niño sílabas en forma clara y únalas para formar palabras. El niño ya es capaz de darle significado a las palabras.

El padre puede orar por los niños, enseñarles un texto bíblico corto y sencillo, cantando con el niño. Puede añadir el juego a través de rompecabezas sencillos de acuerdo con su edad. Estos rompecabezas pueden estar relacionados con historias bíblicas sencillas.

El niño de los 2 a 3 años:

Los niños de esta edad comienzan a desarrollar su capacidad para representar objetos, personas y situaciones. (Jugar a papás, médicos, profesores) Comienza a haber un desarrollo del pensamiento y regulación del comportamiento mientras expresa sus emociones y sentimientos.

El niño hasta los tres años: Conoce cada vez mejor su identidad y su rol. Comienza a tener un desarrollo de la autoconciencia. Empieza a controlar su comportamiento, conoce los valores, las normas, costumbres, conductas deseables, indeseables y las habilidades sociales. Están en desarrollo algunos aspectos de la norma social, por lo que se enfada con frecuencia y tiene rabietas. En ocasiones sus deseos y lo que los demás le exigen están en conflicto y no lo comprende. Cuando se dan cuenta de que nadie puede conocer sus pensamientos, desarrollan la habilidad de mentir.

CONDUCTAS OBSERVABLES:

El niño puede caminar, correr, subir, manipular objetos, botarlos, sostenerlos y puede comer por sí solo. Ya alterna los pies. Es capaz de montar en triciclo. Mantiene su equilibrio sobre un pie durante un tiempo cada vez más prolongado. Con frecuencia se enferma de las vías respiratorias. A esta edad generalmente se les está enseñando a usar el sanitario. Está explorando y conociendo las cosas que se encuentran a su alrededor. Es inquieto pero necesita descanso. Cumple dos o tres órdenes simultáneas. Ha aprendido a amar a la gente, distingue a su familia, la ama y a los extraños también los distingue. Es capaz de copiar un círculo y una cruz. Se disgusta frecuentemente cuando un adulto interviene en sus actividades. Vierte agua de un vaso a otro sin derramarla. Tiene concepto claro de uno y dos. Hace relación entre opuestos (alto-bajo/ gordo-flaco/ arriba-abajo)

El niño empieza a razonar, a pensar en sus acciones y en su lenguaje. Comienza a usar su lenguaje para alcanzar lo que desea. A veces no comprende las órdenes que le dan sus padres o los maestros y creemos que son desobedientes. Su vocabulario aumenta y su palabra favorita es NO.

Aprende que Jesús le ama, por la forma en que lo aman en su hogar, su maestro y como lo tratan. Es sensible al ambiente de la iglesia. Puede experimentar el amor hacia Jesucristo.

Los niños pre-párvulos son muy pequeños y el padre tiene la oportunidad de grabar en ellos palabra de Dios y el amor de Dios.

Aprendiendo a ministrar a estos niños

Los niños de dos a tres años necesitan mucha atención individual. Saque tiempo con cada uno. El niño no puede separar sus sentimientos acerca de Dios y de sus padres, de manera que si el padre ama a Dios, el niño se da cuenta. El padre es un modelo para el niño. Comparta actividades artísticas con el niño (pintura, construcción, arte) y enseñe principios bíblicos utilizando dichas actividades.

Los párvulos de 3 a 5 años:

Si ambos padres trabajan fuera del hogar, la determinación de quien cuida a su hijo ya debe estar hecha. Para las madres que permanecen en la casa, los programas pre-escolares en la mañana pueden ayudarla durante la semana. El éxito o fracaso del programa pre-escolar depende de la madurez del niño y de la calidad del jardín infantil. Esté atento a la reacción del niño.
Por ejemplo, si su hijo parece ansioso y dependiente fuera de la casa, quizás él no está listo para un programa pre-escolar. Si Ud. está esperando otro bebé, discuta con

su médico cómo preparar a su niño de tres años.

Por otro lado el niño de cuatro años comenzará a desarrollar más independencia y confianza en sí mismo. La disciplina debe ser firme y consistente en esta etapa. El niño debe ser premiado por lo bueno que hace; esto lo animará a emprender nuevas tareas. A la edad de cuatro años el 95% de los niños están entrenados para ir al baño a evacuar su intestino. A los cuatro años el 90% de los niños no se orinan en la ropa durante el día y el 75% no se orinan en la cama durante la noche.

CONDUCTAS OBSERVABLES

Su cuerpo está en crecimiento, es descuidado, inquieto y activo.

Su actividad principal es el juego. Ya puede mantener la atención por 15 a 20 minutos. La palabra NO desaparece para dar paso al SÍ. La palabra nosotros empieza a incorporarse al vocabulario. A veces no le gusta jugar en grupo porque tiende a ser egocéntrico. Prefiere jugar solo o con otro niño únicamente. Busca ayuda porque se da cuenta de que el sólo no puede.

Busca la aprobación de los demás haciendo las cosas lo mejor posible. Disfruta llevando la contraria y reta la autoridad. Empieza a dar órdenes a la mamá y a otras personas. No distingue bien entre la imaginación y la realidad, inventa compañeros y juegos imaginarios. Es la etapa del (porqué? O ¿qué es eso? O ¿para qué?)

Aprende viendo, escuchando y tocando. Siente responsabilidad con Dios como la persona que él debe amar y obedecer. Sabe que Jesús es el hijo de Dios, que le ama, que es su mejor amigo y cree lo que se le dice.

Cómo ministrarles:

El padre debe usar palabras que el niño entienda, y la voz debe ser suave pero firme, que se pueda escuchar. Durante el tiempo de la adoración el padre debe dirigir la oración usando palabras que el niño entienda. Estos momentos son de mucho significado para el niño y puede observar su relación personal con Dios, y expresar sus propios sentimientos. El altar familiar es muy importante en esta etapa, para desarrollar la disciplina del niño en el servicio de la iglesia. Se debe guiar a los niños con amor, calma, pero con firmeza.

Los niños de 6 A 8 AÑOS

Los niños a partir de los 6 años comienzan a querer ser más independientes por lo que necesitan la aprobación de los padres de manera consistente para tomar debidamente sus decisiones. A esta edad pueden desarrollarse condiciones tales como: hiperactividad, sobrepeso, falta de atención, enuresis nocturna, pesadillas. Por eso es menester que tanto el padre como el maestro estén atentos a cualquier conducta que despierte sospechas. A partir de los 6 años es importante que el niño tenga tareas en la casa

El Arte de criar a los hijos

y que empiece a desarrollar responsabilidad dentro del núcleo familiar. A los ocho años este niño conoce y discierne lo bueno de lo malo. También tiene sentido de "pertenencia".

CONDUCTAS OBSERVABLES

El niño es enérgico. Mezcla el juego con el trabajo. Sus movimientos están más controlados y coordinados. Generalmente hace mucho ruido. El crecimiento hasta los ocho años es muy lento. El niño es muy observador aunque no comprende todo lo que ve y oye. Su período de atención es corta, pero comienza a alargarse a los 7 años. Su vocabulario aumenta hasta cien o doscientas palabras. Comienza a aprender malas palabras. Manifiesta mucho afecto a los adultos. Busca la atención de los adultos y le gusta que lo feliciten por lo que hace. Siente amor sincero y lo manifiesta. Es fiel y leal en la amistad. Le gusta compartir con otros el juego de equipo, pero siempre quiere ganar. Tiene una inclinación hacia Dios. Tiene una conciencia tierna, es obediente. Distingue entre lo bueno y lo malo. Cree en lo que le decimos pero siempre pide explicaciones.

Ministrando a estos niños:

El arte de narrar bien una historia es la mejor herramienta que tiene un padre a esta edad. Debe guiar al niño a la oración a Dios. Debe ser enseñada la reverencia para Dios en el templo. En esta época el niño aprende a interesarse por los demás porque ya no es egocéntrico.

PRIMARIOS de 9 A 11 AÑOS

Esta es la edad de la pre-adolescencia. A los 10 años los niños tienden a escoger al líder de su grupo. A esta edad el niño puede ser cruel con otros niños que no "calzan" en su grupo. Los hacen a un lado y lo discriminan. A los 10 años los niños se relacionan más con chicos de su mismo sexo. Al final de estos años, el niño comienza a experimentar cambios de ánimo. A esta edad los niños pueden ayudar con tareas de responsabilidad en la casa, como el cuidado de una mascota, limpieza, pequeños proyectos domésticos.

La Sexualidad

No hay que esperar hasta que el niño sea mayor para explicarle de los cambios que quizás algunos de sus compañeros de clase ya están teniendo. Es un error pensar que a esta edad se es muy joven para hablar de esas cosas. Un diálogo abierto con respecto a la pubertad y el sexo aseguraran que su información será obtenida dentro de los parámetros y valores morales bíblicos y no desde un punto de vista depravado.

El padre de familia es quien debe comenzar este diálogo. El maestro de escuela dominical no debe profundizar en ello sin la autorización de los padres. Sin embargo puede darle consejos prácticos y valiosos a los padres de familia, tales como:

- **Para los padres de las niñas: preparar a las hijas para la "menstruación"**

- Para los padres de los niños: prepararles para los llamados "sueños mojados"
- Motivar a los padres en el concepto de que la sexualidad no apresurada es la mayor protección para los embarazos no deseados. Motive e instruya al muchacho con respecto a las enfermedades de transmisión sexual y el SIDA.

CONDUCTAS OBSERVABLES

Crece en tamaño y fuerza. El sistema nervioso está en desarrollo y el cuerpo sano le da bastante energía. Habla y ríe fuerte, prefiere expresarse a gritos. Está en constante movimiento y no se cansa. Posee la habilidad para elaborar trabajos que demandan buena coordinación muscular. Se relaciona bien con otros, pero que sean del mismo sexo. Inicia amistades verdaderas y siempre quiere estar con sus amigos. Actúa con lealtad en su grupo. Los niños son agresivos por medio de palabras y las niñas son dadas a las envidias y a los celos. Se ubica en el pasado, presente y futuro por lo tanto interpreta hechos cronológicamente. Razona conscientemente y distingue perfectamente lo bueno y lo malo. Pide explicación de las causas y efectos, de las cosas, usa el porqué, para qué, dónde, etc.

Aprendiendo a ministrar a los primarios

Se da cuenta de las necesidades que otros tienen y está listo para ofrecer ayuda. Selecciona sus héroes y trata de imitarlos deseando llegar a ser como ellos. Este niño razona, piensa, busca el origen de las cosas, es curioso, independiente y desea sobresalir. Actúa enérgicamente y en ocasiones es muy activo. Es dado a desobedecer. Le gusta aprender pero necesita ser motivado con métodos y técnicas.

Niños de 12 a 14 años

Es una experiencia única la que el padre va a experimentar con su adolescente de 12 años. Una vida llena de sorpresas y cambios. En esta edad muchos padres de familia se enfrentan a conductas inesperadas y muchos de ellos no saben cómo hacer frente a los cambios hormonales y emocionales que su adolescente pasará. Es menester que el maestro contribuya positivamente a esos cambios y sirva de guía tanto a los padres como a los muchachos. Muchos adultos no entienden la necesidad del adolescente de desarrollar independencia. Muchos padres pasaran por estos cambios sin notarlos, mientras que otros atravesarán un poco de conflicto.

Características de un maestro y un padre aptos para adolescentes:

Entiende el crecimiento físico y emocional del adolescente. Anima, aprueba y apoya al adolescentes mostrando interés en ellos. Promueve la independencia razonable y las amistades de influencia positiva. Encuentra tiempo para escuchar y comunicarse con el adolescente. Establece reglas razonables e incrementa la responsabilidad dada al adolescente. No amenaza ni advierte a cada momento. Sigue lo establecido y es consistente. Está presente en la vida del adolescente cuando este le necesita.

Enfatiza la importancia de la escuela haciéndose presente en las actividades escolares. Confía y entiende al adolescente. Le Ayuda en su auto-estima. Alaba sus logros y reconoce sus triunfos. Tiene una palabra positiva en todo momento. No trata de ser amigo sino que conoce que su role es enseñar y guiar. Sabe escuchar sin interrumpir ni juzgar. Anima al adolescente a invitar a sus amigos a la casa. Le ayuda al adolescente a tomar decisiones apropiadas con su edad.

Un adolescente está desarrollándose bien si:

Cree en sí mismo y sabe que le irá bien. Tiene auto confianza y sentido sano de competencia. Mantiene buena interacción con sus amistades. Disfruta de las actividades recreativas. Reconoce la necesidad de reglas y responsabilidades. Es entusiasta, vital y energético. Comienza a descubrir sus dones y talentos y los pone en práctica. Es un buen alumno y lleva buenas calificaciones. Asume responsabilidad para con su propia salud. No tiene temor de preguntarle a sus padres.

Conductas observables:

Hay mayor posibilidad en esta época de que el niño acepte a Jesús de una manera consciente. Se realiza su conversión. Este muchacho está en la edad de la duda. Es menester guiarlos y mantenerlos en la iglesia durante estos años difíciles. Es revolucionario, su voz está cambiando y está sufriendo cambios importantes. No entiende los cambios ni las responsabilidades y los padres y maestros a veces no les entienden. Estos niños requieren ser guiados y atendidos. Es cuando más necesitan a Cristo. En esta edad se forman buenos cristianos o malos ciudadanos. La primera característica es el cambio en el cuerpo. El corazón dobla su tamaño en estos dos años. Los pulmones casi crecen el doble. Las niñas son más altas y pesadas, por dos o tres años. Generalmente sufren de acné y esto lo acompleja.

El deseo de independencia, los lleva a salir de la escuela a trabajar, sin tener en cuenta si están capacitados o no. Cambian de ideales, de intereses; como no tienen experiencia anhelan lo imposible. Debemos tener paciencia con ellos. Cambian de genio y de ánimo con frecuencia.

A veces son descuidados en el vestir. Son dados a la crítica y creen que pueden resolver todos los problemas. En la niñez recibió todo por fe pero ahora quieren reemplazar la fe por la razón. Pide explicación por todo. Forman grupos especiales hasta los trece años. Durante los dos primeros años de la adolescencia tienen fastidio al sexo opuesto, son egoístas y se burlan.

Los niños cuidan del vestido, y las niñas se ponen más femeninas. Quieren participar en las actividades de otros jóvenes. No quieren ser tratados como niños y los padres deben manejar sabiamente su autoridad (Efesios 6:4)

Como tratar a estos adolescentes:

El padre y el maestro deben ser comprensivos. Debe inspirar confianza y proteger su amor propio.

A los 14 años el niño es:
- Impulsivo
- Idealista
- Apresurado (desea todo ya)
- Indestructible (piensa que nada lo puede dañar)
- Cambios explosivos
- Desordenado
- Monosilábico
- Respondón
- Interesado en el dinero
- Egocéntrico

Los Jóvenes

Para la edad de los 16 años la mayoría de las jovencitas han concluido con sus cambios asociados con la pubertad y los muchachos están por finalizar su desarrollo, ganando masa muscular y fuerza. A esta edad su identidad está en constante búsqueda y comienzan las preguntas filosóficas y específicas con respecto a Dios. Los muchachos a esta edad pasan cada vez menos tiempo con su familia y se vuelven muy sensibles y particulares en sus escogencias de vestido, apariencia personal, música. Tienden a tener un grupo pequeño de amistades que comparten mismos intereses.

Los adolescentes enfrentan conflictos relacionados con su independencia y tienden a cuestionar las reglas y la autoridad. Se vuelven desafiantes, lo que provoca choques en la familia. Están interesados en el noviazgo y las citas y es aquí donde los padres deben mantener sus reglas, principios y opiniones con respecto a su fe y sus creencias, tratando de recuperar y profundizar en la comunicación con sus jóvenes.

El muchacho/a se aísla y tiende a pasar mucho tiempo metido en su cuarto. El maestro y el padre deben respetar su privacidad pero también hacerle ver que el aislamiento en un extremo no es positivo.

Muchos de estos adolescentes han obtenido su licencia de manejo lo que les abre un mundo de oportunidades y experiencias nuevas, que a veces no son muy positivas. Es aquí donde los buenos consejos con respecto al uso del alcohol. Las drogas y el sexo ilícito no están de más.

En el 12avo grado casi un 87% de los alumnos han bebido alcohol alguna vez. Un 39% reportan haber bebido en exceso. Un poco más del 40% de los que están por terminar la escuela superior han experimentado con marihuana y más de un 8% con cocaína. Las muertes más comunes entre adolescentes están relacionadas con estos factores, contribuyendo a homicidios y suicidios. 30% de todos los estudiantes en el 12avo grado han fumado.

Consejos para padres de adolescentes:

1- Aprenda a escoger sus batallas. No sea demasiado estricto en asuntos que en realidad no lo ameritan. Mantenga la calma y no se ponga al mismo nivel de intensidad emocional que su adolescente.

2- Esté disponible cuando su adolescente le necesite pero sin ejercer control. Generalmente este tiempo será escogido por el joven, no por usted.

3- Establezca relación con otros padres de adolescentes amigos de sus hijos.

4- Deje que sus hijos sientan confianza en llamarle cuando lo necesiten, sin temor a ser recriminados.

5- no tome a la ligera los estados de ánimo extremos en sus hijos como la tristeza, depresión, etc. Ellos son muy sensibles y situaciones como la pérdida de una mascota, desilusión con los padres o amigos puede llevar a un joven al suicidio. Más de una cuarta parte de los estudiantes de la escuela superior han pensado seriamente en el suicidio y más de un 8% lo han intentado.

6- Hable con sus hijos con respecto al sexo sano y lícito. Declare su punto de vista y sus propios valores morales, así como el punto de vista de Dios al respecto. Deje que el muchacho haga preguntas sin sentir temor de sentirse juzgado o castigado.

7- Recuerde que para el adolescente es muy importante sentirse aceptado por un grupo. Es devastador para ellos el sentir que son rechazados. Sin necesidad de sacrificar sus valores morales y principios de fe, trate de que su adolescente se sienta cómodo y valorado por sus amigos. Recálquele sus dones y talentos y recuérdele que la búsqueda de su propósito en la vida es lo más importante y que no a todos les va a gustar lo que queremos hacer.

8- Respete la privacidad de su adolescente. Ellos necesitan tiempo a solas, sin ser molestados. Desarrolle la confianza en ellos. Si la privacidad se convierte en "reclutamiento" entonces tome acción. Los padres deben "meter las narices" en los asuntos de sus hijos cuando la situación lo amerita. Pueden mantener la puerta del cuarto cerrada pero sin encerrarse, por ejemplo.

9- No se sienta rechazado si el adolescente no desea acompañarle a todos los eventos sociales y familiares a los que antes solía participar.

10- Confíe en otros adultos para que cumplan el papel de "chaperones". No es bueno que el padre caiga siempre en esa categoría. El joven por lo general tiende a confiar en otros adultos fuera del círculo familiar.

11- Sea consistente y firme en lo que dice y hace. Especialmente con las reglas y deberes del hogar, pero no trate de ejercer un control exagerado sobre las decisiones de sus hijos. Sea una figura constante y presente en la vida de sus hijos, pero deles espacio para crecer. Los adolescentes deben aprender a respetar los derechos de los demás.

12. Enséñele al joven técnicas de resistencia a la presión de grupo. Los principios bíblicos con respecto al "resistir" la tentación y la prueba, tienen una influencia muy valiosa.

13. Discuta con su adolescentes las posibles "salidas de

emergencia" ante situaciones inesperadas. Por ejemplo: qué hacer si en un viaje en auto el adolescente que está manejando esta tomado o ha usado drogas.

14. Aprenda los signos de alerta con respecto a la depresión y el abuso de drogas.

15. Apoye, anime y alabe los logros de su adolescente. Atienda a eventos en los cuales su hijo/a es un participante.

16. Anime la independencia razonable y las amistades fuera de casa. Conozca a los amigos de sus hijos y sus familias.

17. Saque tiempo de calidad para su hijo adolescente, para estar con él y escucharle.

18. El padre se involucra activamente en la educación sexual de su hijo, con el respaldo del médico y del maestro.

Consejos importantes con respecto a la alimentación y patrones de sueño de sus hijos adolescentes:

1- El desayuno es la comida más importante del día. Motive a su adolescente a desayunar apropiadamente.

2- Asegúrese de que su adolescente tenga las tres comidas al día. Anímele a que su dieta sea más saludable.

3- Haga preparaciones necesarias para que la familia tenga aunque sea una sola comida juntos. Rescate ese tiempo.

4- Prepare aperitivos ricos en carbohidratos complejos. Evite alimentos azucarados, las sodas y dulces.

5- Escoja frutas, vegetales, cereales y granos; además de alimentos que puedan proporcionar una fuente de vitaminas y calcio.

6- Además de mantener una dieta balanceada, anime a su adolecente a mantener un peso adecuado según su altura y edad. El ejercicio es muy importante.

7- Muchos de los adolescentes tienen problemas al dormir. Pareciera lo contrario, pero en realidad estos no están durmiendo el tiempo adecuado. A esta edad se necesitan un promedio de 9 a 10 horas de sueño. Los muchachos adolescentes entre los 15 y 17 años parecen comer continuamente pero llevan una dieta muy inadecuada. La dieta puede interferir e influenciar en el comportamiento de los adolescentes. Hoy en día existen muchos desórdenes alimenticios en los muchachos, que están relacionados con su apariencia personal, volviéndose casi una obsesión. Desordenes como la bulimia y la anorexia son muy comunes entre adolescentes.

El adolescente y su sexualidad

Mantener una información adecuada y precisa con respecto al sexo es muy importante. Es importante mantener un balance entre la información dada y los principios morales y espirituales que ello involucra. Usted debe estar preparado como como padre a contestar las preguntas que los adolecentes hacen durante este período. El adolescente debe tener en claro que tener deseos sexuales es normal pero darle cabida a esos deseos y ponerlos en práctica es otra cosa. El abstenerse de tener relaciones sexuales es la manera más segura de prevenir las enfermedades de transmisión sexual, incluyendo el sida.

El adolescente debe aprender cómo decir que "NO" al sexo. Investigue maneras y formas de ayudar al adolescente a contrarrestar la presión de grupo con respecto al sexo, las drogas y el alcohol.

Consejos relacionados con la seguridad del adolescente:

Anime a su a adolescente a que busque información sobre abuso sexual y aprenda técnicas para defenderse contra todo abuso emocional, físico y sexual. Busque ayuda inmediata si se encuentras en esta situación. Motívele a que desarrolle herramientas para la resolución de conflictos, sobre el cómo negociar y cómo manejar su frustración y enojo. Que no conduzca nunca bajo los efectos del alcohol y que busque que alguien le sirva de conductor asignado. Que jamás lleve con él armas de ningún tipo. Que aprenda a nadar y como defenderse en caso de un asalto donde peligre su vida. Anímele a que cuide sus oídos. El escuchar música a alto volumen en su ipod o mp3 player le está dañando su oído. Que siempre use el cinturón de seguridad y requiéralo de aquellos que le acompañen en su auto.

Ministrando Adolescentes

Estas son algunas cosas que usted debe de tomar en cuenta a la hora de ministrar a sus adolescentes: Primero no trate de bajarse demasiado al nivel del muchacho. Usted es el adulto. Generalmente los muchachos se dan cuentan cuando usted hace esto y optan por no escucharlo. El muchacho necesita de una mano firme y de autoridad. Ellos la respetarán al sentir que usted está interesado en sus problemas. De esa manera el adolescente no se sentirá inferior ni minimizado. No se acerque al muchacho de una manera abrupta. Espere que demuestre un interés en entablar comunicación. Si este puente de conexión no se da, es muy probable que el adolescente no quiera ni siquiera escucharlo. Especialmente en conversaciones que involucren a Dios o principios espirituales, usted debe de tener mucha sabiduría, para que el no desarrolle prejuicios relacionados con su vida espiritual. Sea paciente. Un error muy grave que a veces cometemos los padres es tratar de recitar pasajes bíblicos y llenar al muchacho/a de "biblia" de una sola vez. Quite toda apariencia religiosa y legalista. Aprenda a aplicar los principios sin amenazas ni temores. Aprenda a escuchar. No sea usted quien hable todo el tiempo. Dele oportunidad a que haya un diálogo. Ministrar a un adolescente requiere de una paciencia especial de parte del adulto. No trate de hacer muchas preguntas y demuestre un interés genuino en el muchacho/a. No pierda de vista el foco de la conversación, sin necesidad de controlarla. Es muy importante además no tratar de sacar información delicada y personal directamente. Deje que sea el adolescente quien se abra a usted.

Acérquese al muchacho/a teniendo actividades e intereses comunes. Esto hará que gane confianza y establezca comunicación. Trate de ganarse el respeto y confianza del muchacho/a y que sea él/ella que demuestre interés en una segunda reunión.

Recuerde que una vez que el adolescente haga preguntas, es su oportunidad de relacionarse y crear puentes efectivos. Si usted le muestra interés, el adolescente mostrará interés en lo que usted tenga que decirle.

A esta edad los muchachos son muy sensibles. Aproveche esa sensibilidad de manera positiva, dejando que Dios haga un impacto en la vida del muchacho/a.

Conductas de cuidado en los adolescentes:

• Cuando el muchacho/a tiene un concepto muy bajo de si mismo y no tiene amigos.

• Duerme demasiado o pasa demasiado tiempo a solas en su cuarto.

• No se puede comunicar bien con los adultos.

• Le va mal en la escuela.

• Cuando el adolescente está extremadamente preocupado por su futuro y esto le causa ansiedad.

• Cuando muestra rebeldía, conducta agresiva, vandalismo y ya ha tenidos problemas con la autoridad.

• Cuando no está involucrado en ninguna actividad física y muestra inercia.

• Cuando demuestra conductas compulsivas, temor y depresión.

• Cuando no tiene metas en la vida y no puede mantener un trabajo ni desarrollar habilidades.

• Cuando depende demasiado de los padres.

El error más común que comete un padre con hijos adolescentes es la sobreprotección. Entonces tienden a hacer decisiones por su hijo o hija con respecto a sus estudios, vida social, etc. Especialmente cuando empiezan a escoger una pareja con quien unirse. Aunque generalmente los padres están correctos en sus puntos de vista y pueden discernir actitudes y comportamientos que quizás el hijo o hija no ve, no es aconsejable que impongan su decisión. Los muchachos sentirán esto injusto y es muy posible que por llevar la contraria terminen por hacer lo que los padres no quieren.

Alertas sobre la Depresión

Preste atención a los siguientes signos:

Tristeza, falta de interés por la vida, expresiones tales como: "no quiero vivir" "me siento inútil". Continua queja (dolores estomacales, de cabeza) Atentados contra su integridad personal y contra su vida. Intentos de suicidio. Auto destrucción. Abuso de drogas y alcohol. Regalar posesiones preciadas y hasta escribir cartas de despedida o testamentos. Cambios drásticos en los patrones de sueño, de comportamiento, alimentación y rendimiento escolar.

JOVENES MAYORES 18 A 20 AÑOS

Su crecimiento físico es lento. Muchos se sienten inseguros de sí mismos. Se presentan cambios físicos y psicológicos a esta edad.

Las niñas y señoritas ríen nerviosamente por cualquier cosa. Los jóvenes son ruidosos y torpes en sus movimientos.

La competencia entre ellos es fuerte. Son individualistas y egocentristas.

El prestigio entre ellos es más importante que la aprobación de los adultos. Luchan mucho para sobresalir.

Desean independizarse de la autoridad de los mayores, pero necesitan la guía y comprensión del adulto.

Se preguntan continuamente ¿quién soy?, ¿Qué es verdad, a dónde voy y de dónde vengo?

Comienzan a experimentar problemas como resultado de su paso a la sexualidad de la infancia a la sexualidad de la vida adulta.

Uno de los principales problemas es la actividad de las glándulas sebáceas, especialmente en la cara y muchos (as), se ven afligidos por el acné.

Tienen constantemente cambios anímicos (es necesario una buena alimentación y practicar ejercicio físico).

Acuden más a sus amigos para discutir sus problemas.

Debemos recordarles nuestras creencias con firmeza, pero comunicarlas con amor.

Se comienzan a interesar más en la iniciación de noviazgos. En ambos sexos los impulsos sexuales se convierten en poderosas armas de rebelión, para herir a sus padres o a la iglesia.

Se afirma que a los adolescentes resisten la autoridad de los adultos, pero por otro lado son infelices y sienten que no son amados, si nadie les da órdenes específicas.

Debemos inculcarles que la libertad debe verse siempre acompañada por la responsabilidad de las acciones, cada decisión debe ser con responsabilidad.

Tengo libertad para hacer lo que quiero, pero hay consecuencias.

Consejos para promover la sujeción en sus hijos

Establezca reglas y límites. Asegúrese que el muchacho entienda y sepa cuáles son esas reglas y límites. Todo ser humano necesita de estas reglas para ser buen hijo, buen alumno, buen compañero y buen ciudadano. Un hijo que no acepta las reglas de la casa, no aceptará las reglas de la escuela ni más adelante las de su trabajo ni las de su país.

Refuerce el establecimiento de estas reglas y límites. No actúe con amenazas y cumpla con las consecuencias impuestas. Si le dice a su hijo que por desordenar su cuarto le privará de su programa de televisión favorito, cúmplalo.

Entienda y sea capaz de usar los principios básicos de las técnicas de cambio de comportamiento como contingencia para el reforzamiento positivo en sus hijos.

Evite dar largas explicaciones de por qué está usando el "Rincón". La gente generalmente tiende a hablar de más y sin sabiduría, quizás por que para ellos no resulta tan sencillo mantener una disciplina y seguir pasos en la corrección de sus propios hijos. Evite el hacer que su hijo se sienta culpable. Su meta es hacer lo que usted le pide.

Más adelante usted podrá tener una plática pequeña referente al arrepentimiento y enseñar ese principio pidiendo perdón.

No permita que su hijo le haga sentir culpable. No se deje manipular, no importa cuantas veces le diga que va a obedecer, con tal de no recibir el castigo. Esto estimula la amenaza y no la obediencia.

Problemas y Soluciones Durante el uso del "Rincón"

Si el niño se niega a sentarse en la silla, entonces no inicie el tiempo del "rincón" hasta que esté sentado.

Si el niño tiende a dejar la silla o moverse, detenga el cronómetro.

Ponga al niño en la silla y dígale que se quede quieto; coloque su mano sobre la pierna. Trate de evitar contacto visual para que no le manipule.

Quite un privilegio si el niño no regresa a la silla (5 años en adelante) Si usa un rincón y su niño intenta salirse antes de tiempo, regrese a él inmediatamente sin pensarlo y colóquese al lado del niño dándole la espalda. Si le insulta verbalmente - ignore los resultados (después trate esa conducta aparte)

Ignore los gritos y los llantos. Si un hermanito llega mientras se está aplicando el time out y quiere intervenir ponga al niño en time out en otra dirección.

No olvide practicar la técnica y darle la oportunidad de funcionar (por lo menos 2 semanas) Una respuesta negativa de parte del niño al principio es entendible, pero conforme pase el tiempo el niño entenderá que es en serio.

¿Qué hacer con los berrinches en los niños pequeños?

Un berrinche o una pataleta es una descarga de rabia descontrolada. Ellas aparecen típicamente alrededor de los 15 meses de edad.

Actuar con prevención es lo más importante ¿El bebé está demasiado cansado o con hambre como para ir a la tienda con Usted? ¿Los cambios son difíciles para su niño? ¿Está ese objeto prohibido todavía a la vista y al alcance de él? Detenga la pataleta o rabieta antes de que empiece; distrayendo a su bebé con un objeto atractivo o dándole afectuosa atención puede detener la pataleta antes de que empiece. Dirija la atención de su bebé hacia algo diferente de la situación que pudiera provocar una pataleta.

Lleve al niño lejos del lugar donde le dio el berrinche. Si fue en la casa, en un cuarto aparte o en el patio, si en un lugar público, al automóvil. Quédese con él.

Asegúrese que no se lastime. Su papel es protegerlo y no detener la rabieta.

Espere a que se calme. No se puede hablar con él si está agitado. No se concentre en el berrinche. Mientras el niño se calma, Ud. está allí, lo acompaña físicamente. No se sienta mal por el berrinche. Tranquilícese. No se disguste.

Cuando su hijo se haya tranquilizado dígale únicamente, pero con mucha firmeza, que no puede portarse así y explíquele brevemente lo que hizo. Inmediatamente distráigalo con otra actividad. Las palabras y gestos amables lo van a calmar.

Déjele saber al niño que usted no lo dejará sólo en este momento difícil pero que no le va a permitir los berrinches. No le de lo que pide. Espere a que se calme.

Sea firme con él y hágale entender que lo que hizo estuvo mal. Cada vez que usted planee una actividad nueva, avísele al niño. Generalmente los niños hacen berrinches por no querer enfrentarse a lo desconocido.

Antes de ir a un lugar público explíquele al niño cómo se debe comportar, lo que puede hacer y lo que no puede hacer. Por ejemplo, si va a un supermercado y no quiere comprarle golosinas o juguetes, tiene que acostumbrarlo desde muy pequeñito. Explíquele claramente que no le va a comprar golosinas o juguetes. Por otro lado, haga que participe de la compra y que él sienta que está ayudando.

Sea paciente pero firme.

Al niño que le dan rabietas muchas veces ni siquiera sabe por qué. De repente explota de esa manera y ante situaciones menores y sin importancia, como el hecho de escoger su ropa, tomar una decisión determinada.

Preséntele opciones y que él decida.

Qué hacer cuando los niños se rehúsan ir a la cama a la hora de dormir?

Reafirme la seguridad del niño. Que se sienta protegido. Deje la puerta entreabierta y con la luz de la sala encendida mientras se duerme.

Dele a su hijo por lo menos media hora para relajarse y prepararse para ir a dormir. Rituales de acomodamiento incluyen bañarse, leer cuentos en la cama. El sentido de seguridad crecerá si usted sigue esta serie de rutinas.

Establezca una hora de dormir consistente: Una vez que usted elija una hora de dormir que le dé a su hijo suficiente tiempo para descansar (11 a 12 horas es el tiempo típico necesario para niños de 3 a 5 años de edad y 8 horas para los mayores), asegúrese de hacerla cumplir. Recuérdele a su hijo las reglas: Sea amable pero firme a la hora de dormir. No se involucre en discusiones sobre por qué usted piensa que la hora de dormir debe ser a las 8 p.m. y por qué su hijo piensa que debe ser a las 9 p.m. Sostenga el horario que usted ha establecido. Si a menudo cede ante su hijo y lo deja quedarse despierto hasta más tarde, se verá atrapado en una lucha de poder por las noches.

Ayude a que su hijo desee que llegue la hora de dormir como un momento especial para estar juntos. Lea cuentos en la cama o tenga una buena conversación con él. Si el niño recurre al llanto e insiste en ir a la cama de sus papás, no le permita llegar al cuarto matrimonial, y si lo hace, regréselo a su propio cuarto tranquilamente y sin ceder a su rabieta.

Notas Finales

En la casa mandan mamá y papá, nada más. Ni abuelas, ni tías, ni hermanos o hermanas mayores, ni vecinos, ni amigos. Quienes tienen el derecho, la potestad y el deber de definir la disciplina y corrección en los hijos son mamá y papá.

Es necesario que actuemos cuanto antes con respecto a la crianza de nuestros hijos. Nunca es tarde para empezar, pero hay que comenzar. Y cuando usted tome la decisión de empezar, mantenga su meta y sea constante.

Es más fácil detener un berrinche a los 4 años que a los 15. Cuando permitimos una mala conducta varias veces, se hace un hábito o estilo de vida en el niño. Ese hábito es un circulo vicioso y hay que detenerlo. Si no detenemos el ciclo a tiempo, podemos estar formando personas adultas carentes de estrategias coherentes para manejar el enojo y la frustración. Recuerde enunciar la regla antes (o inmediatamente después) del berrinche. Haciendo esto, le estamos indicando al niño lo que no es permitido, y la posibilidad de una consecuencia si se repite la conducta. Esto conlleva a un mejor resultado porque le pone sobre aviso al niño de forma tal que la consecuencia será el resultado de una decisión que toma el menor, no un castigo que se le ocurrió al adulto.

El entrenamiento adecuado desde la niñez capacita a los muchachos para el futuro y es nuestro deber como padres proporcionárselos.

No hay que darle a los niños todo lo que quieren. Dios no nos da todo lo que pedimos ni nos da todo lo que queremos, sino que nos provee lo que necesitamos.

¡Alabado sea el Señor!

Bibliografía

Asher, Michael J. (1991), Formación auto-educacional para profesores y otros profesionales que trabajan con niños de desorden hiperactivo y déficit de atención . Extractos de Disertación Internacionales, Vol. 51(7-B), Jan, p.3552.

Benner, Jeff A. Lengua Hebrea Bíblica Antigua de la Biblia

Brown, A.L. y Smiley, S (1977) El desarrollo de estrategias para estudiar textos. Desarrollo de Niño, 49, 1-8

De Urbina, José M Pabón S. Diccionario Griego clásico — español 19va Edición, 2006

Edersheim, Alfred Esbozos de la Vida judía, "La Crianza de los niños judíos" Oct. 1, 1994 pg. 99-104

Herbert, M, (1978), Chichester, Wiley. "Desórdenes de Conducta en la Infancia y la Adolescencia: un Acercamiento Conductual hacia la Evaluación y la Enseñanza"

La Cueva, Francisco. Nuevo Testamento Interlineal Griego-español

Liddell, Henry George. Robert Scott. A Lexicon Ingles-Griego. revisado y aumentado exhaustivamente por Sir Henry Stuart Jones. Con la asistencia de Roderick McKenzie. Oxford. Clarendon Press. 1940.

Rabino Lawrence Kelemen. Encender un Alma: Sabiduría Antigua para Padres Modernos y Profesores".

Rabino Samuel HaLevi "Entrenándose en la Vara: una Perspectiva del Torah sobre Recompensa y Castigo en Educación." bajo la aprobación directa y dirección espiritual del eminente erudito contemporáneo israelí del Torah Rabinico, Rabbi Samuel HaLevi Wosner of Bnei Brak, Israel.

Repetto, E y cols. (1990) El entrenamiento metacognitivo, la modificación cognitiva y su transferencia a la comprensión lectora, la resolución de problemas y el aprendizaje. Revista de investigación educativa.

Robert L. DeBruyn and Jack L. Larson, Ph.D. "Usted puede manejarlos a todos"

Strong, James, el Nuevo y Conciso Diccionario de palabras Hebreas de la Biblia, (Nashville, Nelson, 1995)

Walker, S, London, Methuen. "Aprendiendo Teoría y Modificación Conductual" (1984)

Para mayor información con respecto al ministerio
"de pareja a pareja"
(Free in Christ Ministries International)
por favor póngase en contacto con :
Jorge y Lorena Gamboa
"de pareja a pareja"
www.deparejaapareja.com
www.jorgeylorena.com

Para invitaciones a actividades de matrimonios y de
familia por favor comuníquese al:
281-429-7497 o al 713-469-5920

O escribanos a: deparejaapareja@yahoo.com

Jorge y Lorena Gamboa
P.O BOX 488
Porter Texas 77365

Otros libros disponibles

Esta historia es verdadera y es una historia de amor y de lucha. De perdón y de nuevos comienzos.

Cuando uno le da la oportunidad a Dios de tocar nuestras vidas con Su amor y el Poder de Su Presencia, todo cambia alrededor. Si alguna vez te has sentido deprimido, abandonado, herido y maltratado, esta historia puede ayudarte a conocer a Aquel que quiere cambiar tu vida por completo...

© 2009 "Por el poder de Su presencia"
ISBN # 978-0-9824981-0-1

© 2009 "Como ser un José de este siglo"
ISBN # 978-09824981-2-5

Este libro consta de 10 capítulos ricamente desglosados y fundamentados con mas de 15 fuentes seculares y papiros egipcios que reafirman la existencia de José, el hijo de Jacob. Es un análisis exhaustivo de la historia de José con aplicaciones actuales útiles para la familia y la crianza de los hijos.

Un libro que no puede faltar en tu biblioteca personal.